なんとなくをひとつひとつ！

保育のABC見直しガイドBOOK

活動

環境

かかわり

「保育環境評価スケール ECERS/ITERS」活用法

埋橋玲子 監修・編著

岡部祐輝 編著

安家尚子　福原由梨　郷原利加子　岩渕善美
亀山秀郎　金子眞里　小井手瑞代　三石深雪
森田真理子　小田真弓　田辺昌吾　寺田加代子
山田千枝子　川西市市立園所 副園所長・教頭部会

JN191310

この本を手に取ってくださったあなたに

埋橋は2002年頃『保育環境評価スケール』というものに出会いました。
その後およそ20年余り、とりつかれたように、北は北海道、南は九州、
スケールを手にあちこちの保育室を訪ねています。

いろいろな保育と子どもを見ました。
生き生きと「子ども」を生きている子ども、
すでに「大人のように」わきまえてしまった子ども、
力いっぱい遊んでいる子ども、
時間潰しに遊んでいる子ども。
現在、何に取り組んでいるかがひと目でパッとわかる保育室、
一日の終わりには何もなかったかのようになり、きのうの続きができない保育室。
先生たちの熱意や真面目さはどこも同じなのですが。

さて、本書の副題に入っています、『保育環境評価スケール＝通称 ECERS/ITERS（エカーズ イターズ）』は、
アメリカで開発された、保育の質を評価する一つの枠組みです。
「評価」により、日々なんとなく繰り返していることを見直し、
大事なことは何かをひとつひとつ明らかにして、
明日からの実践に役立てるためのツールです。

このツールを用いて、現場の先生方と、
午前中3時間の保育観察、午後から討議というスタイルの研修を重ねてきました。
その中で見えてきたのは、「保育のABC（基本）」と、
ひとつひとつの積み重ねで保育の質は成り立っているという、
シンプルな保育の形でした。

これらの気づきを、

埋橋と、ともにスケールを使い語り合ってきた仲間たちとで、

どこからでも読める形にしてまとめたのが本書です。

ですので、「スケール」を知らなくても大丈夫。

「保育環境評価スケール」など聞いたことがない方、

保育の質の評価ってどういうこと？　海外の尺度で日本の保育が測れるの？

という疑問をおもちの方にも、活用していただきたいです。

保育所・幼稚園・こども園は、

子どもが自分の力でなんとかし始める、初めての外の世界です。

園は、子どもが波や砂と戯れる穏やかな海辺のようなところ。

やがて大人になり、世間という大海に乗り出してゆくのはまだかなり先のこと。

でもいつかそのときに、「自分の力で船を漕いでいける」という確たる自信、

「新しい世界を見てやろう」という好奇心、

それらの根っこを作るのが園という世界、保育者という存在なのではないでしょうか。

ある先生が言われました、

「やるべきことは例えば1000ある、

それをひとつひとつやっていくしかない」。

あなたが、ひとつひとつやっていく、

この書がそのささやかな助けとなりますように。

監修・編著者　埋橋玲子

contents

AからZまであります。
どの項目から読んでもOK！

各項目について、押さえておき
たい大前提や、どうして見直す
必要があるのかについて書かれ
ています。まずはここを読もう！

Check the Guideline

各項目に関連する幼稚園教育要領（幼
要領）、保育所保育指針（保指針）、幼
保連携型認定こども園教育・保育要
領（こ要領）を抜粋して載せています。
要領や指針は堅苦しくて……と敬遠し
がちですが、実践と照らし合わせてな
んぼですので、折にふれてなじんでお
きましょう。

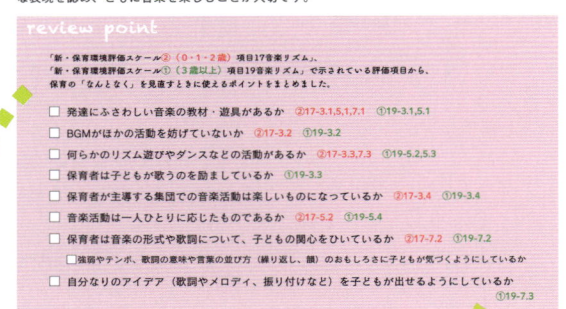

M 音楽リズム

音楽の楽しさは「人の声」や「音」との出会いから始まります。
歌が聞こえてきて喜ぶ、リズムを感じる、身近な物で音を出すといった日常的でシンプルな体験
から、音楽に親しむようになります。やがて自分で歌い出し、言葉の響きやリズムが楽しい歌に
親しむようになり、心地よい音の楽器にふれて、音楽の楽しさや喜びを感じ、リズムやメロディ
など音楽の要素に興味をもつようになります。
音楽は感情を表現し、コミュニケーションをとる手段でもあります。
歌や演奏の技術的指導によって完成度を求めるのではなく、子ども自身の喜びとなるような自由
な表現を認め、ともに音楽を楽しむことが大切です。

review point

『新・保育環境評価スケール②（0・1・2歳）』項目17音楽リズム、
『新・保育環境評価スケール①（3歳以上）』項目19音楽リズム」で示されている評価項目から、
保育の「なんとなく」を見直すときに使えるポイントをまとめました。

- 発達にふさわしい音楽の教材・遊具があるか ②17-3.1,5,1,7.1 ①19-3.1,5.1
- BGMがほかの活動を妨げていないか ②17-3.2 ①19-3.2
- 何らかのリズム遊びやダンスなどの活動があるか ②17-3.3,7.3 ①19-5.2,5.3
- 保育者は子どもが歌うのを励ましているか ①19-3.3
- 保育者が主導する集団での音楽活動は楽しいものになっているか ②17-3.4 ①19-3.4
- 音楽活動は一人ひとりに応じたものであるか ②17-5.2 ①19-5.4
- 保育者は音楽の形式や歌詞について、子どもの関心をひいているか ②17-7.2 ①19-7.2
  □ 強弱やテンポ、歌詞の意味や言葉の並び方（繰り返し、韻）のおもしろさに子どもが気づくようにしているか
- 自分なりのアイデア（歌詞やメロディ、振り付けなど）を子どもが出せるようにしているか ①19-7.3

---

review point

保育の「なんとなく」を見直すときの
観点（スケールによる評価の観点）で
す。「この視点が抜けていた！」「そう
いえば、こうしたいと思っていた」と
いった気づきを得るのにお役立てくだ
さい。

key point

各項目でいちばん大事にしたい
ことを、短く紹介しています。

advice

実践や考え方のヒントです。
執筆陣の経験と知恵が詰
まっています。

数字は、『新・保育環境評価スケール②0・1・
2歳』『新・保育環境評価スケール①3歳以
上』（ともに法律文化社）の指標番号です。
写真に添えてある数字も同じです。
（例）②4-3.1 は、『新・保育環境評価スケール
②0・1・2歳』の項目4、指標3.1 という意味

指針・要領の右上にある数字
の示す年齢層の子どもや環境
の写真です。写真に保育者も
映っている場合は、保育者が
どんな言葉かけをしているか
を想像してみてください。

1章

保育環境をひとつひとつ見直し!

保育室内の環境

一人、二人で過ごせる環境

子どもに関係する掲示

粗大運動遊びの環境

 保育室内の環境
1 室内空間

子どもは、休日以外、一日の起きている時間の大半を保育室で過ごします。

保育者にとって、保育室は「働く環境」そのものです。

その空間で快適に過ごせるかどうかは、子どもと保育者の双方のウエルビーイングに大きく影響を与えます。

快適さは、部屋の広さ、明るさ、室温、空気の清浄さ、騒音レベルの低さ（静かさ）によりもたらされます。

保育室という空間が快適だと、子どもも保育者も積極的かつ生産的に過ごせ、「ここにいる自分」を好きでいることにもつながります。

review point

「新・保育環境評価スケール②（0・1・2歳）項目1 室内空間」、
「新・保育環境評価スケール①（3歳以上）項目1室内空間」で示されている評価項目から、
保育の「なんとなく」を見直すときに使えるポイントをまとめました。

☐ 保育室に「広さ」があるか　②1-3.1,5.1　①1-3.1,5.1

☐ 室温管理、換気、騒音レベル、照明や自然光の調整は適切か　②1-3.2,5.2,7.1　①1-3.2,5.2,7.1

　　☐ 子どもが落ち着いて「人の声」を聞ける環境か
　　（大勢の人が無頓着であるのが「声」も含めて「音」の大きさである。過度の騒音は聴力に影響し、言語発達に悪影響を与えるおそれがある。また、騒音による不快感、聞き取りにくさ、集中力の欠如につながり、落ち着いて物事に取り組んだり人の話を聞いたりすることが困難になる。また、保育者の聴力に影響する場合もある）

☐ 室内のメンテナンス、清掃は行き届いているか　②1-3.3,3.4　①1-3.3,3.4,7.3

☐ 保育室の利用にあたり、身体的な障がいにより室内への立ち入りが困難になることはないか
　　②1-3.5,7.2　①1-3.5, 7.2

check the guideline　この項目に関連する指針・要領です。

保指針　第2章 保育の内容
1 乳児保育に関わるねらい及び内容
(2) ねらい及び内容
ア 健やかに伸び伸びと育つ
(ア) ねらい　①身体感覚が育ち、快適な環境に心地よさを感じる。
(イ) 内容　①保育士等の愛情豊かな受容の下で、生理的・心理的欲求を満たし、心地よく生活をする。
2 1歳以上3歳未満児の保育に関わるねらい及び内容
(2) ねらい及び内容　ア 健康
(ア) ねらい　①明るく伸び伸びと生活し、自分から体を動かすことを楽しむ。

(イ) 内容　①保育士等の愛情豊かな受容の下で、安定感をもって生活をする。
＊こ要領　第2章・第1・健やかにのびのびと育つ・1(1), 2(1)、第2・健康・1(1), 2(1)に同じ

幼要領　第2章 ねらい及び内容　健康
1 ねらい　(1) 明るく伸び伸びと行動し、充実感を味わう。
2 内容　(1) 先生や友達と触れ合い、安定感を持って行動する。
＊保指針　第2章・3・(2)・ア健康・(ア)①, (イ)①、
こ要領　第2章・第3・健康・1(1), 2(1)に同じ

\ key point　この項目でいちばん大切にしたいポイントを、写真とともに紹介します。/

明るいか？　空気がよどんでいないか？　騒々しくないか？

明るい印象が大事

0歳児保育室。照明器具の下に布を吊るし、柔らかな光になるようにしている。
②1-3.2

1・2歳児保育室（小規模保育所）。定期的に窓を開けて換気がなされている。②1-3.2, 5.2

日々、快適に過ごせる

5歳児保育室。清掃など手入れが行き届いている。①1-7.3

advice
「不快」はマイナス行為を生む

メンテナンスが足りなかったり清掃が不十分であったりする空間は、不快さからくる子どもの粗雑で投げやりな態度を招き、危険にもつながる。

# 保育室内の環境
2 家具

家具は、子どもが自立して何かを行うための助けとなるものです。

子どもは自分だけの力で何かができると、安心感と自分が有能である感覚をもちます。

何かの遊びに特化した家具がいくつかあると、子どもはその遊びに集中できて楽しくなり、遊びと学びがより豊かになるでしょう。

そして、保育室に柔らかいものがあると、子どもは安らぐことができます。集団の中で長時間を過ごす子どもにとっては、柔らかいものにふれてほっとしたり、気持ちを落ち着けたりすることが大切です。

review point

「新・保育環境評価スケール②（0・1・2歳）項目2養護・遊び・学びのための家具」、
「新・保育環境評価スケール①（3歳以上）項目2養護・遊び・学びのための家具」で示されている評価項目から、
保育の「なんとなく」を見直すときに使えるポイントをまとめました。

☐ 養護・遊び・学びのための必要な家具（椅子、棚、テーブルなど）があるか
　②2-3.1,5.1,7.1　①2-3.1,5.1,7.1

☐ 家具は安全なもので、清潔に保たれているか　②2-3.2　①2-3.2,7.3

☐ 子どもが柔らかさを感じる家具（カーペット、クッション、ソファーなど）があるか
　②2-3.3,5.3　①2-3.4,5.4

☐ 椅子やテーブルは子どもの大きさに応じたサイズか　②2-3.4, 7.2　①2-5.2

☐ 障がいのある子どもに必要な家具（専用の椅子など）があるか　②2-3.5　①2-3.3

☐ 子どもが「自分でする」ことを助ける家具が置いてあるか　②2-5.2　①2-5.2

☐ 特定の活動に応じた家具があるか　②2-7.3　①2-5.3,7.2

check the guideline
この項目に関連する指針・要領です。

0-5

保指針　第1章 総則　1 保育所保育に関する基本原則

(3) 保育の方法

イ 子どもの生活のリズムを大切にし、健康、安全で情緒の安定した生活ができる環境や、自己を十分に発揮できる環境を整えること。

こ要領　第1章 総則　第1 幼保連携型認定こども園における教育及び保育の基本及び目標等

1 幼保連携型認定こども園における教育及び保育の基本

(2) 乳幼児期においては生命の保持が図られ安定した情緒の下で

自己を十分に発揮することにより発達に必要な体験を得ていくものであることを考慮して、園児の主体的な活動を促し、乳幼児期にふさわしい生活が展開されるようにすること。

幼要領　第1章 総則　第1 幼稚園教育の基本

1 幼児は安定した情緒の下で自己を十分に発揮することにより発達に必要な体験を得ていくものであることを考慮して、幼児の主体的な活動を促し、幼児期にふさわしい生活が展開されるようにすること。

key point
この項目でいちばん大切にしたいポイントを、写真とともに紹介します。

家具が、遊びの助けになっているか？

特定の家具があれば特定の活動に向かい、活動が充実する。
②2-7.3

イーゼル：そこに絵を描きたくなる！

子どもの意欲を刺激

キッチンセット：ごっこ遊びがしたくなる！

表紙が見える絵本棚：絵本を手に取りたくなる！

姿勢保持がしやすいドーナツクッションの中に入り、好きなおもちゃを置いてもらって遊ぶ。
②2-7.1

自分で遊べる

上は1・2歳児クラスの2段の棚。下は3歳以上のクラスの3段の棚。身長に合わせたサイズの家具を置く。②2-5.2

「柔らかい家具」を置こう

カーペットが敷いてあったり、クッションやソファーがあったりすると、床の硬さから逃れられる。②2-5.3

ほっとできる〜

 # 保育室内の環境
3 室内構成（レイアウト）

室内構成とは、家具などがどのようにレイアウトされ、空間がどのように使われているかということです。

子どもからすれば、見守られる安心の中で遊びに打ち込める、あるいはくつろげるレイアウトになっていることは重要です。

保育者からすれば、適切な見守りと援助・指導ができ、養護がやりやすいレイアウトかどうかは、働きやすさ（＝子どもによりよい保育が提供できること）につながります。

特に、活動センター（コーナー・エリア）という、子どもが特定の活動に集中でき、学びを得る場所の設置を重視しています。

review point

「新・保育環境評価スケール②（0・1・2歳）項目3室内構成」、
「新・保育環境評価スケール①（3歳以上）項目3遊びと学びのための室内構成」で示されている評価項目から、
保育の「なんとなく」を見直すときに使えるポイントをまとめました。

- [ ] 遊びの場（おもちゃなどで遊べる場）、2歳児以上には活動センター（コーナー・エリア）があるか　②3-3.1, 3.2, 5.1　①3-3.1, 3.2, 5.2, 7.3
- [ ] 子どもが自由に遊具や教材を使えるか　①3-3.1, 5.2, 7.2
  - [ ] 遊具や教材がどこにあるか・どこで使えるか・遊んだ後にどう元に戻すかが明確か
- [ ] 保育者に子どもが見えて、援助・指導できるレイアウトか　②3-3.3, 5.2, 7.1　①3-3.3, 5.3
- [ ] 養護（身の回りのケア、食事の準備等）が便利にできて、動線がいいか　②3-3.1, 3.4, 7.3
- [ ] 子どもの遊びやくつろぎが妨げられていないか　②3-7.2, 7.4　①3-5.1, 7.1, 7.2
- [ ] 障がいのある子どもがどこでも遊べるか　②3-3.5, 5.3　①3-3.4, 5.4

check the guideline
この項目に関連する指針・要領です。

保指針　第1章 総則

1 保育所保育に関する基本原則

(4) 保育の環境

イ 子どもの活動が豊かに展開されるよう、保育所の設備や環境を整え、保育所の保健的環境や安全の確保などに努めること。

ウ 保育室は、温かな親しみとくつろぎの場となるとともに、生き生きと活動できる場となるように配慮すること。

＊こ要領　第1章・第1・1に同じ

3 保育の計画及び評価

(2) 指導計画の作成

キ 障害のある子どもの保育については、一人一人の子どもの発達過程や障害の状態を把握し、適切な環境の下で、障害のある子どもが他の子どもとの生活を通して共に成長できるよう、指導計画の中に位置づけること。(後略)

＊こ要領　第1章・第2・3・(1)に同じ

幼要領　第1章 総則　第1 幼稚園教育の基本

(前略) 教師は、幼児の主体的な活動が確保されるよう幼児一人一人の行動の理解と予想に基づき、計画的に環境を構成しなければならない。この場合において、教師は、幼児と人やものとの関わりが重要であることを踏まえ、教材を工夫し、物的・空間的環境を構成しなければならない。(後略)

key point
この項目でいちばん大切にしたいポイントを、写真とともに紹介します。

遊びの動線を考えよう！

それぞれの遊びに集中できる

0歳児保育室。低月齢児と、自分で動ける高月齢児の両方がいることに配慮する。

静かに遊ぶコーナー　積み木コーナー

粗大運動のコーナー

1・2歳児保育室。遊びに応じた場・コーナーづくりをする。

3〜5歳児保育室。ごっこ遊びが充実するように、お店やおうちなど複数のコーナーが連動するようにレイアウトしている。

微細運動のコーナー　絵本のコーナー　一人になれる静かなコーナー

advice
レイアウトがよければ子どもの遊びは進む！

クラスのそのときの活動のテーマが展開されたり、子ども同士で交流しながら遊べたりする空間づくりをしていく。ときには一人で遊び込める空間も必要。

 一人、二人で過ごせる環境

常に集団の中にあるということは、子どもにとってストレスです。

一人になったり、または自分で選んだ友達と遊んでいると、リラックスして心の落ち着きを取り戻す事ができます。

大人と違って子どもは、誰かにじゃまされなければ、まわりの人のことや起きていることを忘れる事ができます。

大人に見守られる環境で、一人でいたり、二人で遊べることが安らぎと学びにつながります。

また、そのような空間に、ほかの子どもが侵入しないルールが必要です。

review point

「新・保育環境評価スケール①（3歳以上）項目4 ひとりまたはふたりのための空間」で示されている評価項目から、保育の「なんとなく」を見直すときに使えるポイントをまとめました。

- ☐ 一人または二人で遊べるか　①4-3.1, 5.1
  - ☐ 室内・戸外を問わず、子どもが小さな空間を見つけて過ごすことを尊重しているか
  - ☐ じゃまが入りにくい場所に、意図的に小さな空間を設置しているか

- ☐ 保育者は、一人または二人で過ごしている子が、ほかの子どもからじゃまされないように配慮しているか　①4-3.2, 5.3
  - ☐ じゃまをしないルールを作っているか
  - ☐ 大きな問題が起きれば必ず介入しているか

- ☐ 一人または二人で過ごせる時間があるか　①4-5.2

- ☐ 保育者は、一人または二人で過ごしている子どもに肯定的にかかわっているか　①4-7.1, 7.2

check the guideline　この項目に関連する指針・要領です。

保指針　第1章 総則
3 保育の計画及び評価　(2) 指導計画の作成
エ 一日の生活のリズムや在園時間が異なる子どもが共に過ごすことを踏まえ、活動と休息、緊張感と解放感等の調和を図るよう配慮すること。
＊**こ要領**　第1章・第3・4(3)に同じ

幼要領　第1章 総則　第1 幼稚園教育の基本
（前略）教師は、幼児の主体的な活動が確保されるよう幼児一人一人の行動の理解と予想に基づき、計画的に環境を構成しなければならない。この場合において、教師は、幼児と人やものとの関わりが重要であることを踏まえ、教材を工夫し、物的・空間的環境を構成しなければならない。（後略）
＊**こ要領**　第1章・第1・1に同じ

key point　この項目でいちばん大切にしたいポイントを、写真とともに紹介します。

一人で落ち着いて遊んでいるか？

一人で遊べるって落ち着く

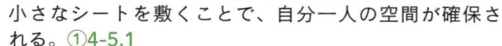

小さなシートを敷くことで、自分一人の空間が確保される。①4-5.1

でもほったらかしてはいけない

一人でおりがみをしている子どもに、難しいところを折るのを助けている。①4-7.1

なかよく、じっくり考える場所と時間を

二人用の大きさの机で一緒にどんぐりの数を数える。①4- 5.1

advice

小さな空間が「考え、深める」プロセスを生む

イギリスで開発されたSSTEW（邦訳『「保育プロセスの質」評価スケール』）では「ともに考え、深め続けること　sustained shared thinking」の重要性が示されている。このプロセスは親密さとともに発生しやすいとされる。集団生活の中であっても小さな空間を用意し、「なかよく考える」場をつくることが学びにつながる。

クッションを2個置くことで二人用の場所であることが示される。①4-5.1

子どもに関係する展示

展示物は、保育室に一歩足を踏み入れたときの印象を決定するものです。

それは保育室で一日を過ごす子どもにとって、常に何かを語りかけたり教えてくれたりする存在です。

展示物を仲立ちとして、自分で何かを考えたり、思い出したり、友達と会話をしたり、皆での話し合いをしたりします。

誰かに教えてもらわなくても、自分で情報を取得できることを学べます。

また、自分の作品が大切に展示されていると、子どもは「自分が大切にされている」と感じ、自己肯定感を高めます。

review point

「新・保育環境評価スケール②（0・1・2歳）項目4子どもに関係する展示」、
「新・保育環境評価スケール①（3歳以上）項目5子どもに関係する展示」で示されている評価項目から、
保育の「なんとなく」を見直すときに使えるポイントをまとめました。

☐ 適切な内容の展示物（掲示物や立体物など）があるか　②4-3.1, 3.2, 5.1,7.1,7.2　①5-3.1, 5.1

　☐クラスの大半の子どもが理解できる内容か
　☐不適切な社会的メッセージや怖がらせる内容を含んでいない
　☐子どもの興味をひき、子どもが親しめる内容か（例；家族の写真、クラスの活動に関係する写真）
　☐適宜取り替えられ、子どもにとって新鮮な内容であるか

☐ よく見えるところにあり、触っても大丈夫か　②4-3.4,5.3,7.1

☐ 子どもの作品が展示してあるか　②4-3.3　①5-3.2, 5.3, 7.4

☐ 保育者が展示物について子どもと話すなどしているか　②4-5.4, 7.3　①5-3.3, 5.4,7.2,7.3

☐ 現在のクラスのテーマになっている活動を反映しているか　①5-5.2,7.1

check the guideline
この項目に関連する指針・要領です。

保指針　第1章 総則
1　保育所保育に関する基本的原則
(3) 保育の方法
オ　子どもが自発的・意欲的に関われるような環境を構成し、子どもの主体的な活動や子ども相互の関わりを大切にすること。
（後略）

幼要領　第1章 総則
第4 指導計画の作成と幼児理解に基づいた評価
3　指導計画の作成上の留意事項
(4) 幼児が次の活動への期待や意欲をもつことができるよう、幼児の実態を踏まえながら、教師や他の幼児と共に遊びや生活の中で見通しをもったり、振り返ったりするよう工夫すること。

＊こ要領　第1章・第2・2・(3)オに同じ

key point
この項目でいちばん大切にしたいポイントを、写真とともに紹介します。

展示物を見て（共同注視）、考えや思いを共有しているか？

大好きな家族の写真

1歳児。保育者と一緒に家族の写真を見る。写真は、子どもと家族の話をするきっかけとなる。触っても破れないようにしてある（ラミネートなど）。②4-3.4,5.4,7.1

タイムリーな内容

3歳児。先日地元であったお祭りの写真を掲示。自由遊びのときに友達や保育者と一緒に見て、お祭りの話をしている。①5-5.2,7.2

話し合いのベース

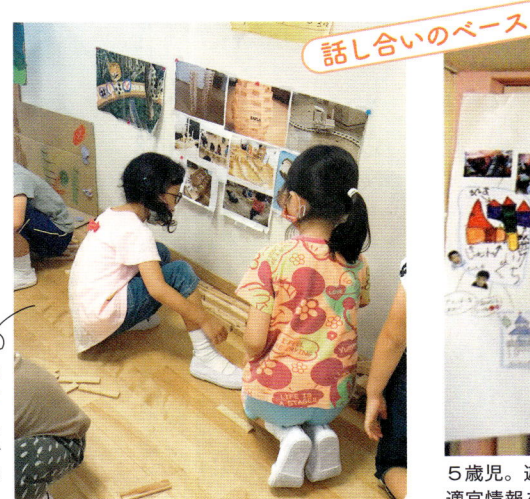

5歳児。積み木コーナーに掲示してある写真を見て、次に何を作るか友達と相談している。①5-5.1

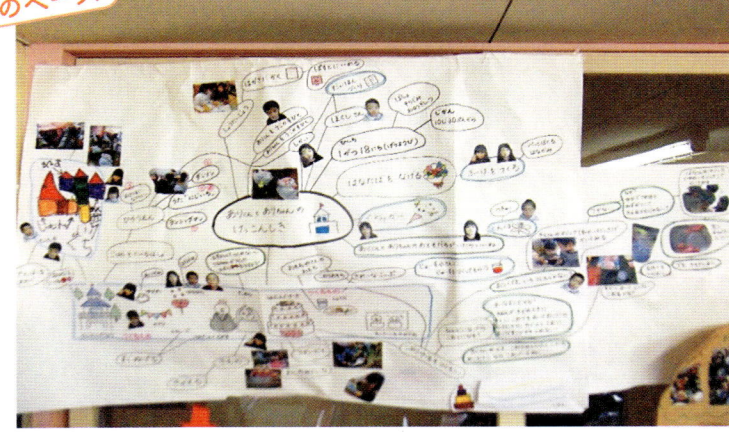

5歳児。遊びの進行を書き出した大きなマップ。毎日このマップを見て話し合い、適宜情報を付け加え、何をするかを考え、その後振り返りをする。①5-5.2,7.1

 粗大運動遊びの環境
1 粗大運動遊びの空間

姿勢を保ったり、バランスをとったり、歩いたり、走ったり、ジャンプしたり、体を大きく動かして遊ぶことを、粗大運動遊び（gross motor play）といいます。

子どもが自分から進んで体を動かすとき、自分の体と出会います。

「こうすればこう動けるのか」と、そして「おもしろいからもっと動こう」として、その結果、体を大きく動かすための筋肉（粗大筋）を発達させたり、多様な動きや動きの調整力を獲得したりします。

子どもが安心してのびのびと体を動かしたくなる空間を整えましょう。

review point

「新・保育環境評価スケール②（0・1・2歳）項目24 粗大運動（身体を大きく動かす）遊び」、
「新・保育環境評価スケール①（3歳以上）項目6 粗大運動遊びの空間」で示されている評価項目から、
保育の「なんとなく」を見直すときに使えるポイントをまとめました。

☐ 屋内で、自由に体を動かして遊ぶ空間と時間があるか　②24-3.1,5.1,7.1　①6-3.1,5.1,5.2

☐ 戸外で、自由に体を動かして遊ぶ空間と時間があるか　②24-3.2,5.2,7.3　①6-3.1,5.1

☐ 0〜2歳が活発に遊べる安全な設備や遊具があるか　②24-3.3, 5.3, 7.4

　　※3歳以上についてはD2（P.21）参照

☐ 安全に体を動かして遊べる空間か　②24-3.4　①6-3.2,5.3,7.3

　　☐互いの遊びがぶつかったりじゃまになったりしないようスペースを分けているか

☐ 戸外で、便利に気持ちよく遊べる設備（日よけやミスト、アクセスのよさなど）があるか
　　②24-3.5,7.2　①6-5.4,7.2

check the guideline
この項目に関連する指針・要領です。

保指針　第2章 保育の内容
1 乳児保育に関わるねらい及び内容
(2) ねらい及び内容　ア 健やかに伸び伸びと育つ
（ア）ねらい　②伸び伸びと体を動かし、はう、歩くなどの運動をしようとする。
（イ）内容　②一人一人の発育に応じて、はう、立つ、歩くなど、十分に体を動かす。

2 1歳以上3歳未満児の保育に関わるねらい及び内容
(2) ねらい及び内容　ア 健康
（ア）ねらい　②自分の体を十分に動かし、様々な動きをしようとする。
（イ）内容　③走る、跳ぶ、登る、押す、引っ張るなど全身を使う遊びを楽しむ。

＊こ要領　第2章・第1・健やかに伸び伸びと育つ・1(2),2(2)、第2章・第2・健康・1(2),2(3)に同じ

key point
この項目でいちばん大切にしたいポイントを、写真とともに紹介します。

「動ける自分」との出会いがあるか？

前に進める！

室内で、はったり、登ったりできる。
②24-7.1,7.4

登れる！

戸外でも多様な動きができる。マットを敷くなどとして安全性を確保する。また、年上の子どもとは遊び場所を別にする。②24-3.3,3.4

advice
「動詞」を探してみよう

十分に体が動かせるように、「到達する」「ける」「はう」「押す」「歩く」「バランスをとる」「上る」「投げる」「こぐ」など、動詞がいくつ出てくるかを考えて、設備・遊具、空間のあり方を考える。

当てられる！

的を作ることで、投げることのおもしろさに子どもが自分で気づく。②24-7.4

戸外で、年齢にふさわしい設備や遊具があり、十分に体を動かせる。②24-7.4

check the guideline　この項目に関連する指針・要領です。

幼要領　第2章 ねらい及び内容　健康
1 ねらい　(2) 自分の体を十分に動かし、進んで運動しようとする。
2 内容　(2) いろいろな遊びの中で十分に体を動かす。
3 内容の取扱い　(1) 心と体の健康は、(中略) しなやかな心と
　体の発達を促すこと。特に、十分に体を動かす気持ちよさを体
　験し、自ら体を動かそうとする意欲が育つようにすること。
(2) 様々な遊びの中で、子どもが興味や関心、能力に応じて全身

を使って活動することにより、体を動かす楽しさを味わい、自
分の体を大切にしようとする気持ちが育つようにすること。そ
の際、多様な動きを経験する中で、体の動きを調整するように
すること。
＊保指針　第2章・3・(2)・ア健康・(ア)②,(イ)②,(ウ)①②、
　こ要領　第2章・第3・健康・1(2),2(2),3(1)(2)に同じ

\ key point　この項目でいちばん大切にしたいポイントを、写真とともに紹介します。/

「体を動かすおもしろさ」との出会いがたくさんあるか？

園舎内のホール。保育者と一緒に、思いっきり体を動かす。
①6-3.1,5.4

ホールの上部空間を活
用したネット遊具。

屋内でも、戸外でも

広い空間で二輪や三輪の遊具に乗ったり、鬼ごっこを
したり。日差しが強くなる時季には日除けのシェード
も。①6-3.1,5.1,7.2

ボルダリングは、角度をつけることで垂直落下を避
けることができる。また、角度によって難易度を調
整できる。①6-3.2

advice
**園外施設も視野に入れて
考える**

ある程度の広さがある園庭
やホールなどがない場合に
は、通路やテラス、園外の
施設も含めて、体を大きく
動かせる空間と時間を確保
できるように知恵を絞りま
しょう。

 粗大運動遊びの環境
2 粗大運動遊びの設備や用具

さまざまな設備や用具があることで、子どもはさまざまな動きを経験できます。

子ども自身が設備や用具を目にして、あるいは友達が使っているのを見て、「やりたい（投げたい、登りたい、跳びたい…）」と思うことが大切です。

「やりたい」ことが、その子どもがチャレンジする次のステップです。

それは、その子どもが出会う、自分の体の新しい動かし方でもあります。

「やりたい」気持ちを引き出し、「できるようになる」喜びを味わえるよう、設備や用具の種類、レベルを工夫してそろえましょう。

review point

「新・保育環境評価スケール①（3歳以上）項目7 粗大運動遊びの設備・用具」で示されている評価項目から、保育の「なんとなく」を見直すときに使えるポイントをまとめました。

- ☐ 粗大運動遊びの設備や用具があるか　①7-3.1,5.1,7.1
- ☐ 粗大運動遊びの設備や用具を使う時間があるか　①7-3.1,5.3
- ☐ 安全で、子どもの発達段階や状況に応じた設備や用具であるか　①7-3.2,5.2,5.4,7.2
- ☐ 子どもの技能が高まる設備や用具があるか　①7-3.3, 7.3
  - ☐ 今の環境の中で子どもがどんな動きを経験するかを「動詞」の形にしてその頻度を考え、出てくることの少ない動詞、出てこない動詞に注目して設備や用具を考えているか
    （動詞とは、「押す／引く」、「ぶら下がる」「こぐ」「跳ぶ」「飛び跳ねる」「投げる」などがあり、体の動きを表す。例えばボールという用具は、「つかむ」「投げる」「当てる」「投げ入れる」など、複数の動きを引き出し、技能として育てる。そのような新しい体の動きを、どうすれば遊具や設備によって獲得できるかを考える）

check the guideline　この項目に関連する指針・要領です。

幼要領　第2章 ねらい及び内容　健康
1 ねらい　(2) 自分の体を十分に動かし、進んで運動しようとする。
2 内容　(2) いろいろな遊びの中で十分に体を動かす。
3 内容の取扱い　(2) 様々な遊びの中で、幼児が興味や関心、能力に応じて全身を使って活動することにより、体を動かす楽し

さを味わい、自分の体を大切にしようとする気持ちが育つようにすること。その際、多様な動きを経験する中で、体の動きを調整するようにすること。
＊保指針　第2章・3・(2)・ア健康・(ア)②,(イ)②,(ウ)②、
　こ要領　第2章・第3・健康・1(2),2(2),3(2)に同じ

key point　この項目でいちばん大切にしたいポイントを、写真とともに紹介します。

多様な動きの獲得ができる場をつくっているか?

栽培用ネットを持ち上げ、下をくぐり抜ける。

段ボール箱のトンネルをくぐり抜ける。

塩ビパイプの一本橋。足の指でつかみながら渡る。

マスキングテープの上を、つま先立ちで歩く。

身近な道具や素材を用いて、くぐり抜ける、はう、足の指でつかむ、バランスをとる、跳ぶ、渡る、などの多様な動きが経験できる。①7-3.3,7.3

ビニールテープの輪でケンパ跳び。

用具を使って自由に遊べるか?

十分な種類と量の運動用具があることで、子どもは待たずに使いたい物を選択して遊ぶことができる。①7-7.1

 子どもたち自身でも!

自分たちで的を作り、ボールの持ち方、構え方、腕の動かし方など、どう投げれば当たるかを考えて挑戦している。①7-7.2

粗大運動遊びの環境
3 粗大運動遊びの見守り

前の２項（D1、D2）で、子どもが「体を大きく動かして遊ぶ＝自分の体と出会う」ために、園でどのように空間や設備・用具の環境を整えていくかについてみてきました。

D3は、子どものために整えられた環境を前提とした上での保育者の援助、つまり子どもが自分の体と出会い操るプロセスに保育者はどのように「伴走」するかについての項目です。

環境の中にあって、子どもはどう自分の体を動かそうとしているのか、どうしたいのか、その欲求を感じ取り、的確に言語化し、次のステップに導くために、「一緒に動く」「モデルを見せる」「チャレンジできることを示す」などアプローチを工夫しましょう。

review point

「新・保育環境評価スケール②（０・１・２歳）項目25 粗大運動遊びの見守り」、
「新・保育環境評価スケール①（３歳以上）項目28 粗大運動の見守り」で示されている評価項目から、
保育の「なんとなく」を見直すときに使えるポイントをまとめました。

☐ 保育者は、子どもが体を大きく動かして遊ぶよう、励ましているか　②25-3.1,5.1　①28-3.3,5.3

☐ 子どもの安全に注意を払っているか　②25-3.2,5.2　①28-3.1,5.1

　☐遊び場ではその人数や配置で問題がないか、起こりうる危険や安全性の確保について、保育者間で共有されているか

　☐目の前の子どもたちに何が起こるか、何をする可能性があるかなど、いろいろな想定を行い、チームで連携して見守りを行っているか

☐ 子どもと保育者のやり取りは自然で肯定的か　②25-3.3,5.3　①28-3.2,5.2

☐ 保育者が体を大きく動かす遊びを主導しているか　②25-7.1　①28-7.1

☐ 子どもが新たな経験やスキルを獲得できるようにしているか　②25-7.2　①28-7.2

　☐保育者が教え込んだり指示をしたりするのではなく、保育者自身が活発に体を動かしたり、遊びを提案したり、場面を設定したりするなど、遊びにいざなう工夫をしているか

23

check the guideline　この項目に関連する指針・要領です。

保指針　第2章 保育の内容
1 乳児保育に関わるねらい及び内容
(2) ねらい及び内容　イ 身近な人と気持ちが通じ合う
(ア) ねらい　①安心できる関係の下で、身近な人と共に過ごす喜びを感じる。
　②体の動きや表情、発声等により、保育士等と気持ちを通わせようとする。

(イ) 内容　①子どもからの働きかけを踏まえた、応答的な触れ合いや言葉がけによって、欲求が満たされ、安定感をもって過ごす。
　②体の動きや表情、発声、喃語等を優しく受け止めてもらい、保育士等とのやり取りを楽しむ。
＊こ要領　第2章・第1・身近な人と気持ちが通じ合う・1(1)(2)、2(1)(2)に同じ

key point　この項目でいちばん大切にしたいポイントを、写真とともに紹介します。

動きのタイミングを合わせる

タイミングを捉えて励ます

寝返りをしようとするタイミングで保育者が励ますと、子どもはもっと手を伸ばそう、身体をねじろうとする。②25-3.1,5.1,7.2

タイミングを捉えて誘いかける

子どもがはって動こうとするときに、保育者が手の届く少し先に玩具を置き誘いかけることで、そこを目指して進もうとする。②25-7.1,7.2

万が一の転落に備えて滑り台の下にはマットがある。保育者は注意深く見守り、子どもによっては手を添える。②25-5.2

advice

安全に、挑戦を見守る

発育が著しく体の動きも大きく変化する0歳児の時期は、子どもにとって「新しい体の自分」との出会いの連続である。自分の体をどう支えるか、どうやって体重の重心を移動させるか、日々挑戦をする。子どもは保育者との温かいふれあいの中で、「やってみよう」「できた」「もっとやろう」という気持ちが育ち、心と体を発達させていく。

check the guideline　この項目に関連する指針・要領です。

保指針　第2章 保育の内容
2 1歳以上3歳未満児の保育に関わるねらい及び内容
(2) ねらい及び内容
ア 健康
(ア) ねらい　② 自分の体を十分に動かし、様々な動きをしよう
とする。
(イ) 内容　③ 走る、跳ぶ、登る、押す、引っ張るなど全身を使
う遊びを楽しむ。

イ 人間関係
(ア) ねらい　②周囲の子ども等への興味や関心が高まり、関わり
をもとうとする。
(イ) 内容　②保育士等の受容的・応答的な関わりの中で、欲求を
適切に満たし、安定感をもって過ごす。
③身の回りに様々な人がいることに気付き、徐々に他の子ども
と関わりをもって遊ぶ。
＊こ要領　第2章・第2・健康・1(2),2(3)、人間関係・1(2),2(2)(3)
に同じ

key point　この項目でいちばん大切にしたいポイントを、写真とともに紹介します。

「友達と」「保育者と」動くことを楽しむ

保育者が音楽をかけ、皆と一緒に歌やリズムに合わせて体を動かす。
②25-7.1

保育者のまねをして、同じように走ったり、段差を越えたりする。
②25-7.1,7.2

まねて動きを獲得！

友達や保育者の姿から、子ども自身が気づくようなかかわりを

2歳児。ステージの段差を利用したマットの滑り台遊び。
保育者は友達がどうしているかに注目するような言葉をかけ、自分に合った遊び方に気づけるようにしている。
②25-7.1,7.2

advice
「一緒で楽しい」と「その子なりに」どちらも大事に

2歳児頃には、周りの子どもに関心が生まれ、同じように体を動かすことで、気持ちが共鳴しあって楽しさを分かち合うことができるようになる。とはいえ、子どもによっては、思い通りにいかずにいらだったり、ひるんだりして不安定な気持ちを表現することもある。保育者は、受容的にかかわり、その子なりの「できた」「もっとやってみよう」という気持ちが生まれるように援助する。

幼要領　第2章 ねらい及び内容
健康
1 ねらい　(2) 自分の体を十分に動かし、進んで運動しようとする。

2 内容　(1) 先生や友達と触れ合い、安定感をもって行動する。
(2) いろいろな遊びの中で十分に体を動かす。
＊保指針　第2章・3・(2)・ア健康・(ア)②、(イ)①②、
こ要領　第2章・第3・健康・1(2), 2(1)(2)に同じ

key point
この項目でいちばん大切にしたいポイントを、写真とともに紹介します。

子どものチャレンジを応援する

見守って応援！

advice
かかわり方はさまざま

保育者が一緒にしたり、具体的に伝えたりすることで、子どもは動きを獲得しやすくなる。子どもと一緒に目標を設定したり、少し助けたりすることで、「自分でできた」という満足感が得られたり、「やってみよう」「やり遂げよう」とする意欲が生まれる。子どもが安心してチャレンジできるよう、安全には十分留意する。失敗したり、万が一けがをしたりした際には迅速な対応と、安心感を与える言葉がけが求められる。

固定遊具で遊ぶときには、1人の子だけを見るのではなく、付近に立って、全体の安全を見守る。①28-5.1

大縄の縄を回したい子どもと、跳びたい子どもがいる。保育者は、それぞれの動きのコツを教えたり、一緒にやって見せたりして、双方がやりたいことができるようにかかわる。①28-7.2

やって見せて応援！

言葉で伝えて応援！

どう体を動かすか、保育者が具体的な言葉で伝える（例；手を肩より高く上げて）。保育者の言葉により、子どもは自分の体に対する自覚が高まり、コントロールする技能の獲得につながる。①28-7.2

2章

生活を
ひとつひとつ
見直し！

養護
（食事・間食、排泄、
保健衛生・睡眠、安全）

養護
1 食事・間食

食は生きることの基本です。

栄養があるものを食べることで体がつくられ、おいしいものを食べることで食の楽しさを知ります。

好きな友達や保育者と一緒に食べることで、その楽しさはいっそう増します。

おいしい、楽しい食事の場は、豊かで楽しい学びの機会ともなるのです。

栄養・衛生面はもとより、食事のタイミングやスタイル、保育者のかかわりを見直し、気持ちよくおなかが空いて喜んで食事に向かう生活のリズムなどの環境を整えましょう。

review point

「新・保育環境評価スケール②（0・1・2歳）項目5食事／間食」、
「新・保育環境評価スケール①（3歳以上）項目8食事／間食」で示されている評価項目から、
保育の「なんとなく」を見直すときに使えるポイントをまとめました。

☐ 食事・間食の時間が子どもにとって適切か　②5-3.1,5.1　①8-3.1,5.1,5.2

☐ 食事や間食は栄養面の基準を満たしているか　②5-3.2,5.2　①8-3.2,5.2
　　☐必要に応じて代替食を用意しているか（アレルギー対応、宗教など家族の食習慣への対応）

☐ 衛生面が適切に守られているか　②5-3.3,5.3,7.3　①8-3.3,5.3
　　☐食事のテーブルやイス、食器類、保育者と子どもの手が衛生的か

☐ 食事中の子どもが適切に見守られているか　②5-3.4,3.5,5.4,7.1　①8-5.4,7.2

☐ 食事の時間が子どもにとって楽しく、適度な学びがあるか　②5-5.5,7.2,7.5　①8-5.5,7.2

☐ 子どもが自分でできることは自分で行っているか　②5-7.4　①8-5.4

☐ 食事中、望ましいやり取りやゆったりとした雰囲気があるか　②5-7.2　①8-5.5,7.2

check the guideline　この項目に関連する指針・要領です。

保指針　第2章 保育の内容
1 乳児保育に関わるねらい及び内容
(2) ねらい及び内容　ア 健やかに伸び伸びと育つ
（ア）ねらい　③食事、睡眠等の生活のリズムの感覚が芽生える。

（イ）内容　③個人差に応じて授乳を行い、離乳を進めていく中で、様々な食品に少しずつ慣れ、食べることを楽しむ。
＊こ要領　第2章・第1・健やかに伸び伸びと育つ・1(3),2(3)に同じ

\key point　この項目でいちばん大切にしたいポイントを、写真とともに紹介します。

確かな「食」のスタートを。食生活を確立！

保育者はしっかりと子どもを抱き、子どもの表情を見ながら授乳。時折、「おいしいね」「おなかすいてたね」など話しかける。
②5-7.1,7.2

子どもと向き合う時間

advice
授乳は抱っこで

授乳は保育者との信頼関係を育む大切な行為でもあるという認識をもつ。人手がないからといってタオルを支えに一人で飲ませるようなことがないように。

離乳食時は、食事に集中できるように、周りの様子が目に入りにくいようにする。
②5-7.1,7.2

自分でできることが増えると、意欲が手づかみとして現れる。肯定的なかかわりで対応。
②5-7.1,7.2,7.4

advice
個々に合わせたかかわり

発達に合わせて、1対1・1対2・1対3食べと少人数グループで食べるようにしていく。継続して同じ保育者がかかわることが望ましい。

栄養面の基準を細かく、間違いなく満たす

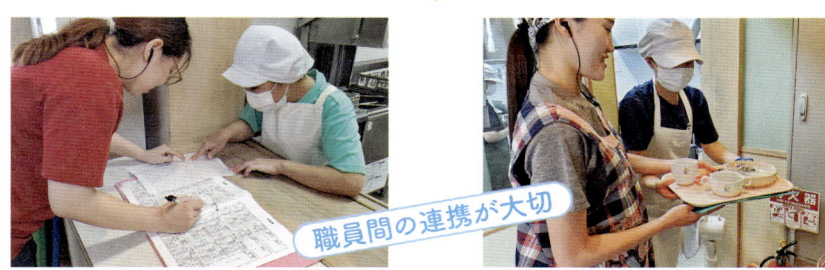
職員間の連携が大切

食事形態（離乳食）は保護者の意見を取り入れながら、保育担当者、調理担当者で検討し、こまやかに対応する。　②5-3.2

アレルギー対応食は必ず複数のスタッフで確認し、お盆の色を変える、カードを載せるなど間違いが起きないよう工夫する。
②5-3.2

check the guideline　この項目に関連する指針・要領です。

保指針　第2章 保育の内容
2 1歳以上3歳未満児の保育に関わるねらい及び内容
(2) ねらい及び内容　ア　健康
(ア) ねらい　③健康、安全な生活に必要な習慣に気付き、自分でしてみようとする気持ちが育つ。
(イ) 内容　④様々な食品や調理形態に慣れ、ゆったりとした雰囲気の中で食事や間食を楽しむ。
(ウ) 内容の取扱い　②健康な心と体を育てるためには望ましい食習慣の形成が重要であることを踏まえ、ゆったりとした雰囲気の中で食べる喜びや楽しさを味わい、進んで食べようとする気持ちが育つようにすること。(後略)
＊こ要領　第2章・第2・健康・1(3), 2(4), 3(2)に同じ

\ key point　この項目でいちばん大切にしたいポイントを、写真とともに紹介します。

それぞれの食事のペースを大切に

食事前

保育者は、個別または小グループで手洗い指導。毎日の丁寧なかかわりが手洗いの習慣につながる。
②5-7.3

食事中

子どもと信頼関係のある保育者が、温かく見守り、必要な介助を行う。
②5-7.1, 7.2, 7.4

発達に合わせて、食べる時間や人数を調整している。

advice
楽しい時間となるように

必要以上にマナーを注意したり、否定的な言葉かけをしたりしない。

食事・間食の時間設定が子どもにとって適切か

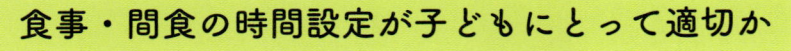

advice
それぞれのタイミングで食べ始める

クラス全員そろって「いただきます」をすることにこだわらない。「おあずけ」のような待ち時間がないようにする。

食べる子、遊ぶ子がおり、クラス一斉に食事をしていない。それぞれの子どもが見守られている。　②5-3.1, 5.1

check the guideline　この項目に関連する指針・要領です。

幼要領　第2章 ねらい及び内容　健康

1　ねらい　(3)健康、安全な生活に必要な習慣や態度を身に付け、見通しをもって行動する。
2　内容　(5)先生や友達と食べることを楽しみ、食べ物への興味や関心をもつ。

(7)身の回りを清潔にし、衣服の着脱、食事、排泄などの生活に必要な活動を自分でする。
＊保指針　第2章・3・(2)・ア健康・(ア)③、(イ)⑤⑦、
こ要領　第2章・第3・健康・1(3),2(5)(7)に同じ

生活　E　養護（食事・間食）

＼key point　この項目でいちばん大切にしたいポイントを、写真とともに紹介します。／

食べることを、子どもが楽しめているか？

一人でも正しく手が洗えるように、手洗いのポスターが貼られている。
①8-5.3

advice

子どもと一緒に

食事の準備や片付けのときに子どもが自分でできる事を委ね、スキルを身に付けていけるように配慮する（机や椅子を準備・机を拭く・配膳を手伝う・こぼれたら拭くなど）。保育者の指図で食事の準備が行われるのではなく、子どもとの共同作業になるようにする。

いろいろな「自分で」の取り組み

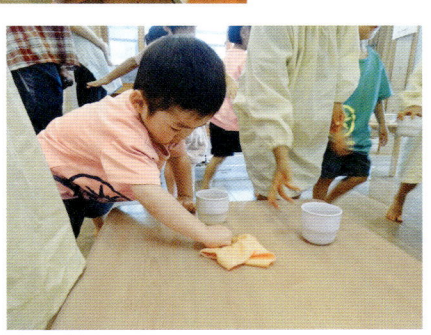

3歳児。喜んで机を拭く。①8-5.4

保育者は実際の場面でやり方やマナーを知らせる。　①8-5.4

4歳児。当番活動で配膳を行う。
①8-5.4

advice

楽しい雰囲気の中で

マナー（テーブルセッティング・はしの持ち方・食器の扱いなど）を伝えるのも、楽しい雰囲気の中で行う。子ども自身が不衛生なものに気づき、片付けたりする習慣が身に付くよう、保育者は配慮する。

みんなで楽しく食事をする。①8-7.2.7.3

養護 2 排泄（せつ）

子どもは、身の回りのことを自分でできるようになる「身辺自立」により自信を付け、活動の自由度を広げていきます。

つまり、身辺自立は子どもの主体性につながります。

中でも、排泄の自立は大きな一歩といえるでしょう。

まず、大人のケアにより「清潔であることの気持ちよさ」を学び、徐々に大人のサポートのもと、自分で排泄が行えるようになります。

保育者は、個々の発達に合わせて排泄自立に必要なスキルが学べるよう、子どもの自尊心に注意を払いながら丁寧にかかわります。

review point

「新・保育環境評価スケール②（0・1・2歳）項目6オムツ交換／排泄」、
「新・保育環境評価スケール①（3歳以上）項目9排泄」で示されている評価項目から、
保育の「なんとなく」を見直すときに使えるポイントをまとめました。

☐ おむつ交換やトイレの環境は衛生的か　②6-3.1,5.1,7.1　①9-3.3,5.2,7.2

☐ おむつ交換や排泄の日課が個々のニーズに合っているか　②6-3.2,5.2,7.2　①9-3.1,5.1,7.3

☐ 子どもの用便に必要な用品がそろっているか（トイレットペーパー、石けんなど）　①9-3.2

☐ 保育者が適切な見守りをしているか　②6-3.3,5.3　①9-5.3,7.1

☐ 保育者の誘いかけや言葉かけは適切か　②6-3.4　①9-7.3

☐ 排泄の仕方、衛生の意味ややり方などを学んでいるか　②6-5.4,7.3　①9-5.3

check the guideline　この項目に関連する指針・要領です。

保指針　第2章 保育の内容
1 乳児保育に関わるねらい及び内容
(2) ねらい及び内容　ア 健やかに伸び伸びと育つ
（ア）ねらい　①身体感覚が育ち、快適な環境に心地よさを感じる。

（イ）内容　⑤おむつ交換や衣服の着脱などを通じて、清潔になることの心地よさを感じる。
＊こ要領　第2章・第1・健やかに伸び伸びと育つ・1(1), 2(5)に同じ

key point　この項目でいちばん大切にしたいポイントを、写真とともに紹介します。

排泄の気持ちよさを子どもに知らせる

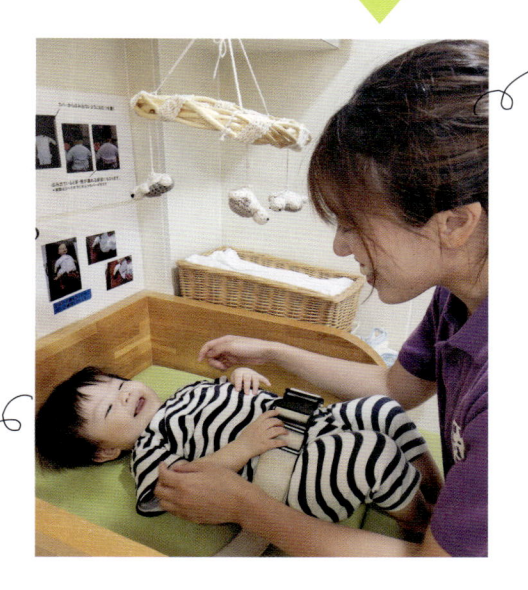

おむつ交換の流れ、気持ちよさなどを言葉にして伝える。
②6-3.4, 5.4, 7.3

おむつ交換台使用中は子どもから目を離さないようにする（転落防止のベルト使用）。
②6-5.3

advice
一人ひとりにしっかり対応

おむつ交換は時間決めで行うのではなく、個別のタイミングを優先。子どもと保育者の意思の疎通を大切にする。また、交換は他人から見えない場所で行う。

「場」やかかわる「人」の衛生管理を

おむつ交換台は、使用後常に消毒する。雑菌の繁殖や感染がおこらないよう、汚れ物入れは手を使わず開閉できるペール式にしている。消毒に必要な備品を常備する。
②6-3.1, 5.1, 7.1

保育者はおむつ交換後の手洗いを徹底する。　②6-7.1

常に清潔に！

保指針　第2章 保育の内容
2 1歳以上3歳未満児の保育に関わるねらい及び内容
(2) ねらい及び内容　ア　健康
(ア) ねらい　③健康、安全な生活に必要な習慣に気付き、自分でしてみようとする気持ちが育つ。

(イ) 内容　⑤身の周りを清潔に保つ心地よさを感じ、その習慣が少しずつ身に付く。
⑦便器での排泄に慣れ、自分で排泄ができるようになる。
＊こ要領　第2章・第2・健康・1(3),2(5)(7)に同じ

\key point　この項目でいちばん大切にしたいポイントを、写真とともに紹介します。

「自分でできる」自信を付ける

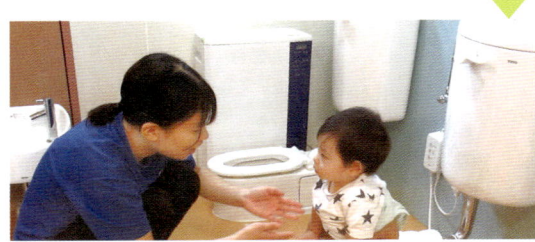

子どもの意思を尊重してトイレに誘い、トイレでは自分でしようとする気持ちを大切に、子どもが手伝ってほしいところを手助けする。　②6-5.3,5.4,7.2

1対1で丁寧にかかわる

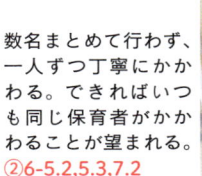

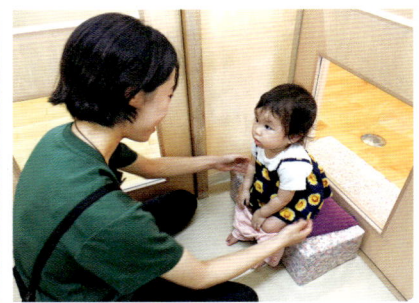

数名まとめて行わず、一人ずつ丁寧にかかわる。できればいつも同じ保育者がかかわることが望まれる。
②6-5.2,5.3,7.2

advice
処置は速やかに、子どもには穏やかに

排泄の失敗があっても叱ったりせず、速やかに処置をし、穏やかに子どもにかかわる。

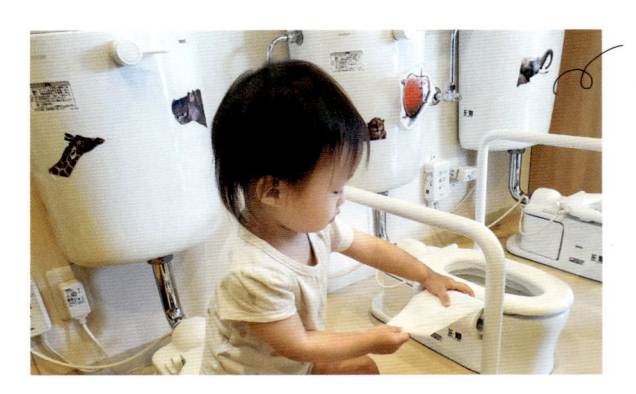

便器での排泄に慣れ、自分で排泄ができるようになる過程の中で、パンツの着脱やペーパーの切り方、使い方、水の流し方、手洗いの徹底などを、トイレでの排泄を見守る保育者から学んでいる。　②6-5.3,5.4

自分で排泄できるようになると、保育者はトイレで数名を同時に見守ることも可能になる。

check the guideline
この項目に関連する指針・要領です。

幼要領　第2章 ねらい及び内容　健康
1　ねらい　(3)健康、安全な生活に必要な習慣や態度を身に付け、見通しをもって行動する。
2　内容　(7)身の回りを清潔にし、衣服の着脱、食事、排泄などの生活に必要な活動を自分でする。

(9)自分の健康に関心をもち、病気の予防などに必要な活動を進んで行う
＊**保指針**　第2章・3・(2)・ア健康・(ア)③、(イ)⑦⑨、
こ要領　第2章・第3・健康・1(3),2(7)(9)に同じ

key point
この項目でいちばん大切にしたいポイントを、写真とともに紹介します。

自立に向けて、排泄習慣の確立

子どもの気持ちを尊重した声かけを

保育者は、子どものニーズを見定めながら、過不足のないようにかかわる。　①9-5.3,7.3

日課の切り替え時には排泄を促すが、強制にならないように気をつける。子どもがトイレに行きたいときに、自由に行けることが大切。
①9-3.1,5.1,5.3,7.1

advice
引き続き配慮は必要

3・4・5歳児においても、排泄の自立度合いには個人差があるので、子どもに任せきりにせずに、細やかな配慮でかかわる。

子どもが自分で排泄することを考えた環境に

子どもの自立を助ける環境づくり

手洗い場にポスターを貼り、子ども自身で正しい手洗いを意識できるようにする。
①9-5.3

子どもが自分で排泄するようになるので、トイレットペーパーや石鹸など、不足がないように常に気をつける。
①9-3.2,5.2,7.2

養護
3 保健衛生・睡眠

子どもの健康を守ることは、保育において重要な要素であり、養護の基本的な部分です。

幼い子どもは抵抗力が弱く、保育者には子どもを病気から守る努力が求められます。

必要な手続きがとられなければ、集団の中で感染症が急速に広がり、その後家族や地域社会に広がっていくリスクもあります。

それとともに保育者は、子どもたちにセルフケアの方法を教え、生涯を通じて続くよい保健衛生習慣の確立に努めなくてはなりません。

review point

「新・保育環境評価スケール②（0・1・2歳）項目7保健衛生」、
「新・保育環境評価スケール①（3歳以上）項目10保健衛生」で示されている評価項目から、
保育の「なんとなく」を見直すときに使えるポイントをまとめました。

- ☐ 子どものいる場所が清潔であり、感染予防がなされているか　②7-3.1,5.1,7.1　①10-3.1,7.1
  - ☐ 子どもの持ち物は個別に収納されているか
  - ☐ 家具、遊具・教材、各種機器は、消毒と汚染防止をしているか
- ☐ 手洗いが正しい手順で行われているか　②7-3.2,5.2,7.1　①10-3.1,5.1,7.1
- ☐ 睡眠環境は衛生的か　②7-3.3,5.3　①10-3.2,5.2
- ☐ 睡眠の日課が子どもに適切か　②7-3.4,5.4
- ☐ 保健衛生について肯定的なやり取りや指導があるか　②7-3.5,5.5,7.2,7.3　①10-3.1,3.3,5.1,7.2
- ☐ 保育者はよい保健的行動のモデルになっているか　①10-5.3
- ☐ 必要な保健的行動が絵や写真によって示されているか　①10-7.3

参考；こども家庭庁（2023）「保育所における感染症対策ガイドライン2018年改訂版（2023年一部改訂、一部修正）

保指針　第1章 総則

1 保育所保育に関する基本原則　(4)保育の環境
イ 子どもの活動が豊かに展開されるよう、保育所の設備や環境を整え、保育所の保健的環境や安全の確保などに努めること。

3 保育の計画及び評価　(2)指導計画の作成
オ 午睡は生活リズムを構成する重要な要素であり、安心して眠ることのできる安全な睡眠環境を確保するとともに、在園時間が異なることや、睡眠時間は子どもの発達の状況や個人によっ

て差があることから、一律とならないよう配慮すること。

こ要領　第3章 健康及び安全

第3 環境及び衛生管理並びに安全管理　1 環境及び衛生管理
(2)(前略)施設内外の適切な環境の維持に努めるとともに、園児及び全職員が清潔を保つようにすること。また、職員は衛生知識の向上に努めること。

\ key point 　この項目でいちばん大切にしたいポイントを、写真とともに紹介します。

接触感染を防ぐ

個別収納で衛生的に

寝具が個人別に収納されている。②7-5.1,5.3　①10-7.1

個人別のロッカーがあり、他児の持ち物や衣類が接触しないように収納されている。
②7-5.1,5.3　①10-7.1

手洗いが必要な場面をチェック

こんなときは手を洗う!

●屋外から保育室に入るとき(登園時も)。ペーパータオルで水気をしっかりふく。

保育者は、子どもが正しく手洗いできるようにサポート。
②7-3.5,5.5,7.2,7.3　①10-5.1,7.2

●ゴミ箱や、その他汚染された物にふれたとき。

●造形活動で手が汚れたとき。

advice

「手をふく」ことも「手洗い」のうち!

「洗って終わり」ではなく、衛生(感染症予防)と安全(床がぬれると滑って転倒のリスク)のためにも、子どもが自分で「手をふこう」と思えるような声かけやかかわりをしていく。

●動植物にふれたとき。

check the guideline　この項目に関連する指針・要領です。

保指針　第2章 保育の内容
1 乳児保育に関わるねらい及び内容
(3) 保育の実施に関わる配慮事項
ア 乳児は疾病への抵抗力が弱く、心身の機能の未熟さに伴う疾病の発生が多いことから、一人一人の発育及び発達状態や健康状態についての適切な判断に基づく保健的な対応を行うこと。

2 1歳以上3歳未満児の保育に関わるねらい及び内容
(3) 保育の実施に関わる配慮事項
ア 特に感染症にかかりやすい時期であるので、体の状態、機嫌、食欲などの日常の状態の観察を十分に行うとともに、適切な判断に基づく保健的な対応を心がけること。
＊こ要領　第3章・第3・1(2)に同じ

key point　この項目でいちばん大切にしたいポイントを、写真とともに紹介します。

一人ひとりの健康と衛生をしっかり見守る

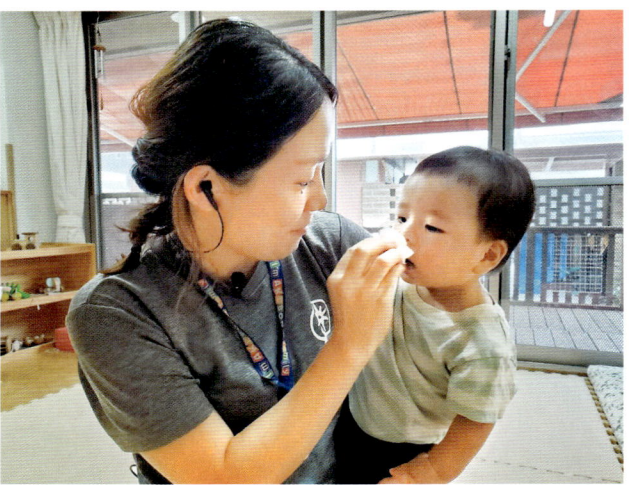

はなが出ているときは、「はながでたね。きれいにしようね」と声をかけ、優しく拭き取り、「気持ちよくなったね」と言う。
②7-3.1,5.1,7.2

おもちゃの衛生管理も

子どもがなめたり触ったりした玩具を拭いて消毒する。　②7-5.1,7.1

個々のリズムに対応

保育者は、子どもの様子を察しながら、それぞれの午睡のタイミングを捉える。眠れない子や早く目覚めた子へは、個別に、穏やかにかかわる。
②7-5.4,7.2

advice
衛生管理の仕方は全職員で

感染防止のために保育者が行うことは多岐にわたる。国や地域のガイドラインを確認し、全職員が正しく対応できるよう情報共有をすることが大事。

check the guideline　この項目に関連する指針・要領です。

幼要領　第2章 ねらい及び内容　健康
1 ねらい　(3) 健康、安全な生活に必要な習慣や態度を身に付け、見通しをもって行動する。

2 内容　(9) 自分の健康に関心をもち、病気の予防などに必要な活動を進んで行う。
*保指針　第2章・3・(2)・ア健康・(ア)③,(イ)⑨、
　こ要領　第2章・第3・健康・1(3),2(9) に同じ

生活　E 養護（保健衛生・睡眠）

key point　この項目でいちばん大切にしたいポイントを、写真とともに紹介します。

清潔にする習慣が身に付くように

ポスターを見ながら

手洗い・はなをかむ・咳エチケットの絵や言葉のポスターを、子どもが見ながらできる位置に貼る。　①10-7.3

手洗いのポスター。手順を確認しながら楽しく洗える。

保育者がモデルになる

保育者のまねをしながら

「やさしく、ふーっ」「先生のやり方、どう？」などと、子どもと向かい合い、はなのかみかたを楽しく共有。　①10-7.2

advice
気持ちよさを一緒に感じる

保育者は一緒に行いながら「気持ちよくなったね」「きれいになったね」などと声をかけ清潔であることの気持ちよさを子ども自身が感じられるようにする。

隣の水道で実際にやってみせてモデルとなる。①10-5.3

養護
4 安全

子どもは、何が危険かを知るために必要な理解や経験が少ないので、大人が注意深く保護する必要があります。

保育室には通常、多数の子どもと少数の保育者しかいません。

また、戸外遊びでは子どもたちの行動範囲が広がります。

必要なのは、子どもが使用する全ての空間のハザード※を最小限に抑えることと、保育者による入念な見守り。この２つを組み合わせることにより、園の安全対策が成り立ちます。

※**ハザード**とはけがにつながる危険（**リスク**）のことで、深刻なけがにつながる大きなハザードと、小さなけがであったり見守りや予防策などで防止できたりする小さなハザードがある。

review point

「新・保育環境評価スケール②（0・1・2歳）項目8安全」、
「新・保育環境評価スケール①（3歳以上）項目11安全」で示されている評価項目から、
保育の「なんとなく」を見直すときに使えるポイントをまとめました。

☐ 戸外に大きなハザード（けがにつながるリスク）がないか　②8-3.2,5.1,7.1,7.3　①11-3.1,5.1,7.1
　　※リスク（危険）には軽微で経験値につながるものもある（木に登るなど）。保育者は子どもの年齢や発達段階によるハザードの違いを理解していることが必要。

☐ 室内に大きなハザードがないか　②8-3.1,5.1,7.1,7.3　①11-3.2,5.1,7.1

☐ 保育者の見守りと危険への対応が適切に行われているか
　②8-3.3,5.2,7.2,7.3,7.4　①11-3.3,5.2,7.2,7.3

☐ 子ども自身に対し、危険な行動を止めているか　②8-5.4　①11-3.4,5.3

参考；こども家庭庁（平成28年）「教育・保育施設等における事故防止及び事故発生時の対応のためのガイドライン【事故防止のための取組み】」

幼要領　第1章 総則　第3 教育課程の役割と編成等
4 教育課程の編成上の留意事項
(3) 幼稚園生活が幼児にとって安全なものとなるよう、教職員による協力体制の下、幼児の主体的な活動を大切にしつつ、園庭や園舎などの環境の配慮や指導の工夫を行うこと。

保指針　第3章 健康及び安全　3 環境及び衛生管理並びに安全管理
(2) 事故防止及び安全対策
ア 保育中の事故防止のために、子どもの心身の状態等を踏まえつつ、施設内外の安全点検に努め、安全対策のために全職員の共通理解や体制づくりを図る（後略）。

イ 事故防止の取組を行う際には、特に、睡眠中、プール活動・水遊び中、食事中等の場面では重大事故が発生しやすいことを踏まえ、子どもの主体的な活動を大切にしつつ、施設内外の環境の配慮や指導の工夫を行うなど、必要な対策を講じること。

こ要領　第3章 健康及び安全　第3 環境及び衛生管理並びに安全管理
2 事故防止及び安全対策
(1) 在園時の事故防止のために、園児の心身の状態等を踏まえつつ、（中略）学校安全計画の策定等を通じ、全職員の共通理解や体制づくりを図る（後略）。

key point
この項目でいちばん大切にしたいポイントを、写真とともに紹介します。

場面ごとのリスクを把握して安全を守る

＜食事中＞誤飲・誤食・窒息に注意して見守る。
②8-5.2 ①11-3.3

その場に応じた職員配置と見守り

＜戸外遊び＞職員間で場所を分担して見守り、死角をなくす。また固定遊具は近くで見守り、大きなけがにつながる遊び方がないよう注意する。②8-3.3,5.2,7.2,7.4 ①11-3.3,5.2,7.2,7.3

＜午睡中＞定期的に子どもの呼吸を確認する。②8-7.2,7.4

誤飲に注意！

＜保育室＞0・1・2歳児は小さな物を見つけて口に入れることがあるので、十分に注意する。②8-7.4

＜プール・水遊び＞子どもの保育以外に、監視のみ行う職員を配置する。②8-7.2 ①11-7.2

advice
年齢発達に応じたリスク管理を

誤飲・誤食や睡眠時の呼吸確認については、年齢発達に応じたポイントを把握した上で、適切にかかわる。

危険を予測して、リスクを排除

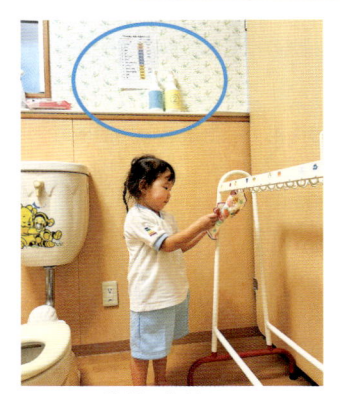

トイレ。洗剤・薬剤などは子どもの手の届かない所に置く。

保育室。落ちると危険な物を棚の上に置かない。

子どものいるところに危険がないか、常に確認する。
②8-7.3 ①11-5.2

滑り台の下にマットを敷くなど、室内の運動遊具は、子どもの動きを予測した上で、けががないような置き方、遊び方に注意する。

危険な行動は、まず止める！ 話は止めてから

戸外で

無理に登ろうとしている子どもを止めて安全を確保した後、「押すとぶつかるよ。危ないね」など、危険についてわかりやすく説明する。 ②8-5.3,5.4 ①11-5.3

フェンスに登ろうとしている子を止める。
①11-5.3

advice

まず止めて、冷静に話す

保育者は子どもの近くに付き、危険を察知したら行動をすぐに止める。また、危険な行動については感情的にならず、丁寧に諭し教える。

室内で

ままごとのスプーンを口にくわえて歩きだしたのですぐに止める。 ②8-5.3

他児の髪の毛を引っ張ったので、すぐに止める。 ②8-5.3

言葉との
かかわりを
ひとつひとつ
見直し！

子どもと話す

語彙の拡大

言葉以前のコミュニケーション

絵本

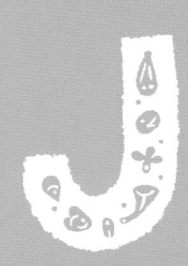

文字に親しむ環境

# 子どもと話す

子どもは生後わずか数年間のうちに、言葉を使ったコミュニケーションを学びます。

言葉を理解して実際に自分で使うようになるには、まず言葉を聞くことが必要。言語発達は「聞く」ことから始まります。そのためには、大人が子どもに話しかけなければなりません。

集団保育の中で育つ乳幼児は、起きている時間の多くを保育者と過ごします。

保育者の言語スキルが、子どもの「受容言語（言葉を理解する）」と「表出言語（言葉を使用する）」の能力に大きな影響を与えます。

言葉が出る前の子どもにはたくさん話しかけ、言葉が出るようになったら、より多くを聞き出せるように話しかけることです。

review point

「新・保育環境評価スケール②（0・1・2歳）項目9子どもと話す」、
「新・保育環境評価スケール①（3歳以上）項目13話し言葉の促進」で示されている評価項目から、
保育の「なんとなく」を見直すときに使えるポイントをまとめました。

- [ ] 保育者からの話しかけや会話があるか　②9-3.1,5.1,7.1　①13-3.3,3.5,5.2,7.2
- [ ] 子どもに対し肯定的に話しかけているか　②9-3.2
- [ ] 子どもの興味・関心・気分を考慮して話しかけているか　②9-3.3,5.3
- [ ] 生活や遊び（言葉遊びや手遊び、絵本など）の中で、楽しく言葉をかけているか　②9-3.4,7.2
- [ ] 一斉に呼びかけるのではなく個別的に話しかけているか　②9-3.2,5.2,7.1
- [ ] 保育者は子どもが答えたくなるような質問をしているか　①13-3.1,5.1,7.1
- [ ] 保育者は子どもからの働きかけに肯定的に応答しているか　①13-3.2,5.3
- [ ] 保育者は子どもが言葉でやり取りできるように助けているか　①13-3.4,5.4
- [ ] 「今、ここで」の範囲を超えての会話があるか　①13-7.3

check the guideline　この項目に関連する指針・要領です。

保指針　第2章 保育の内容　1 乳児保育に関わるねらい及び内容
(2) ねらい及び内容　イ 身近な人と気持ちが通じ合う
(ア) ねらい　②体の動きや表情、発声等により、保育士等と気持ちを通わせようとする。
(イ) 内容　②体の動きや表情、発声等を優しく受け止めてもらい、保育士等とのやりとりを楽しむ。
④保育士等による語りかけや歌いかけ、発声や喃語等への応答を通じて、言葉の理解や発語の意欲が育つ。
＊こ要領　第2章・第1・身近な人と気持ちが通じ合う・1(2), 2(2)(4)に同じ

key point　この項目でいちばん大切にしたいポイントを、写真とともに紹介します。

生活や遊びの中で、子どもに"楽しく"話しかける

散歩の途中にきれいな花が咲いている。バギーを止めて「きれいなお花だね」「○○ちゃんもこのお花好きだね」など話しかける。　②9-3.3,5.2

advice

「聞きたい」「言いたい」につながる言葉かけを

子どもにかける言葉は、目の前の子どもの興味・関心に沿った内容であり、「聞きたい」「言いたい」という思いをかき立てるものになるように。

F 言葉とのかかわり 子どもと話す

楽しい気持ちに言葉が乗る

子どもが喜ぶかかわりをし、楽しく話しかける。　②9-5.3

子どもが食材を触ってみせると、保育者は「きゅうりだね」「シャキシャキしておいしいよ」「○○ちゃん、きゅうり好きだね」など話している。
②9-5.2,7.1

advice

声を出すのが楽しくなるかかわり

子どもが興味をもって心地よく聞いたり、思わず一緒に声を出してみたくなったりするようなかかわりをたくさん積み重ねよう。

保指針　第2章 保育の内容
2　1歳以上3歳未満児の保育に関わるねらい及び内容
(2) ねらい及び内容　エ 言葉
(ア) ねらい　②人の言葉や話などを聞き、自分でも思ったことを
伝えようとする。
(イ) 内容　⑦保育士等や友達の言葉や話に興味や関心をもって、聞いたり、話したりする。
＊こ要領　第2章・第2・言葉・1(2), 2(7)に同じ

key point
この項目でいちばん大切にしたいポイントを、写真とともに紹介します。

あれこれと話しかけて、楽しい雰囲気に

楽しいイメージを広げる

保育者は楽しく絵本を読み、登場人物のことなどを子どもに話しかけている。　②9-3.4

食事の時間も

食事のとき、保育者が子どもに温かく話しかけている。子どもは保育者との会話を楽しみながら、リラックスして食事ができる。　②9-5.1,5.3

advice
黙って保育をしない

保育者は、どのような場面でもできるだけ楽しく子どもに話しかけながら保育する。

子どもの興味に乗っかって

子どもが、積み重ねた積み木の上にバスを置いた。「高いビルの上にバスが停まったね。何階に停まったのかな」など話しかける。
②9-5.2,7.1

遊びが楽しいと、言葉も楽しい！

2歳児クラスでの手遊び。言葉と手の動きを一緒に楽しむ。　②9- 3.4,7.2

check the guideline　この項目に関連する指針・要領です。

幼要領　第2章 ねらい及び内容　言葉
1　ねらい　(2) 人の言葉や話などをよく聞き、自分の経験したことや考えたことを話し、伝え合う喜びを味わう。

2　内容　(1) 先生や友達の言葉や話に興味や関心をもち、親しみをもって聞いたり、話したりする。
＊**保指針**　第2章・3・(2)・エ言葉・(ア)②,(イ)①、
　こ要領　第2章・第3・言葉・1(2)、2(1)に同じ

\ key point　この項目でいちばん大切にしたいポイントを、写真とともに紹介します。

子どもからの言葉を引き出す話しかけを

答えたくなるような質問を

この子どもは積み木で動物園作りを楽しんでいた。そこで保育者は、積み木を電話に見立て、動物の特徴について質問。子どもは、喜んで目の前に作った動物園の動物の特徴を説明した。　①13-7.1

子ども同士の会話が進むように

磁石遊びで、子どもたちは、自分なりに試したり考えたりしたことを口々に話し、楽しんでいる。保育者は、子ども同士のやり取りが進むように助けている。
①13-3.4,5.4

advice

個別のかかわりを大切に

自由遊びのとき、保育者と子どもの間で、より個別的な関わりが可能になる。一人ひとりのニーズに合わせた話しかけをする。

ビー玉転がし

ままごと

砂山作り

子ども同士、会話が進むような遊びの場と遊具や道具を用意している。

言葉とのかかわり
F 子どもと話す

 # 語彙（い）の拡大

語彙（い）とは、その人が知っている言葉の総体のことです。

「言葉」は思考力そのもの。語彙が拡大することで、子どもは自分の感情や考えをより具体的に表現できるようになり、複雑な概念の理解へとつながります。言葉により考えを整理し、新しいアイデアや視点を生み出すことができるため、語彙が豊かになるほど思考力も深まるといえます。

そのため、乳幼児期に、豊かな会話や絵本、言葉遊びなどさまざまな言葉の文化にふれることが、語彙を拡大する上で重要です。

保育者自身も、言葉に対する感性を磨き、簡単な言葉で済ませてしまうのではなく、いろいろな言語表現を試みることが求められています。

review point

「新・保育環境評価スケール②（0・1・2歳）項目10語彙の拡大」、
「新・保育環境評価スケール①（3歳以上）項目12語彙の拡大」で示されている評価項目から、
保育の「なんとなく」を見直すときに使えるポイントをまとめました。

- [ ] その時々の子どもの経験（見たもの、聞いたもの、感じたこと、行動など）に合った言葉を使っているか　②10-3.1,5.1,7.1　①12-3.1, 5.1,7.1
- [ ] 子どもの年齢と能力に応じた言葉を使っているか　②10-3.2　①12-7.1
- [ ] 子どもの体験に沿った言葉を、その場面で繰り返し言っているか　②10-5.2
- [ ] 対比の表現を使って話すことで言葉の理解を進めているか　②10-5.4
- [ ] 子どもになじみのない言葉について意味を説明しているか　②10-7.2　①12-5.2
- [ ] 子どもが新しい言葉に出会う機会をつくっているか　②10-7.3　①12-3.3,5.3,7.2
- [ ] 子どもの知っている言葉の意味を広げるために情報やアイデアを付け加えているか　①12-7.3
- [ ] 言葉に不自由がある子どもに対する配慮があるか　①12-5.4

check the guideline　この項目に関連する指針・要領です。

保指針　第1章 総則
1 保育所保育に関する基本原則　(2) 保育の目標
ア（前略）保育所の保育は、子どもが現在を最も良く生き、望ましい未来をつくり出す基礎を培うために、（後略）。
（オ）生活の中で、言葉への興味や関心を育て、話したり、聞いたり、相手の話を理解しようとするなど、言葉の豊かさを養うこと。

幼要領　第1章 総則
第4 指導計画の作成と幼児理解に基づいた評価
3 指導計画の作成上の留意事項
(3) 言語に関する能力の発達と思考力等の発達が関連していることを踏まえ、幼稚園生活全体を通して、幼児の発達を踏まえた言語環境を整え、言語活動の充実を図ること。
＊こ要領　第1章・第2・2・(3)エに同じ

key point　この項目でいちばん大切にしたいポイントを、写真とともに紹介します。

身の回りのもの、いま起きていることを言葉に

子どもが玩具を触るのに合わせて、保育者がその動作や音を言葉で表している。　②10-3.1,3.2

advice
日々の生活動作に言葉を添えて

生活や遊びにかかわる物事（動作、感情、状態）について丁寧に言葉で示されることで、子どもは自分にかかわるさまざまな事柄についての言葉を獲得していく。

保育者は、「おはなをかもうね」と、動作に言葉を添えている。　②10-3.1

言葉を使って、子どもの言葉の世界を広げていく

子どもと一緒に絵本を見ながら、描かれている動物の名前や、「ゾウの鼻は長いね」といった動物の特徴を言葉にして伝えている。
②10-3.3, 5.3,7.3

絵本から言葉を拾って

対比しながら＆新たな言葉

子どもの持っているミニカーの色や形の違いについて「これは赤い」「これは黒い」などと対比しながら話している。
また、大きさの違いで乗車人数が異なることについて「ていいん（定員）」という言葉を使ったところ、「テイインって何？」と子どもが興味をもった。　①12-5.2

（寒天を触る）保育者は、「ツルツル」「ひんやり」など感触を言葉で表現。子どもは、いま自分が感じている感覚がどんな言葉で表現できるのかを学んでいる。②10-3.3

「感じたこと」を言葉に

 言葉以前のコミュニケーション
1 子どもへの応答

人はいろいろな方法でコミュニケーションをとります。

大きく分けると、しぐさ、表情、視線、体の動きという言葉でないやり方（＝非言語的）と、言葉や文字・記号を使うやり方（言語的）があり、いずれか、または両方を使って、相手に自分の感情や思考、意志を伝えます。

小さな赤ちゃんは、求めていることを、泣き声、体の動き、ときには体調や機嫌で表します。

周りの大人がそれを子どもからのメッセージと受け止め、言葉をかけたり、欲求を満たしたりして応じます。

この項目では、コミュニケーションのスタートとして、子どもの発する声や動きなどを大人が受け止め、応えるところを中心に取り上げています。

review point

「新・保育環境評価スケール②（0・1・2歳）項目11子どもからのコミュニケーションへの応答」
で示されている評価項目から、
保育の「なんとなく」を見直すときに使えるポイントをまとめました。

- [ ] 動揺している子どもに満足のいく応答をしているか　②11-3.1,5.1
- [ ] 子どもからのコミュニケーションに気づき、応答しているか　②11-3.2,3.4,5.2,7.1,7.2
- [ ] 子どもが近づきやすいゆったりした雰囲気があるか　②11-3.3
- [ ] 子どもからのコミュニケーションに対し、大いに興味を示しているか　②11-5.3
- [ ] 一人ひとりの様子をよく見て、子どもからのコミュニケーションに敏感に対応しているか　②11-7.2
- [ ] 子どもが伝えようとしていることを言葉にしているか　②11-5.4,7.3

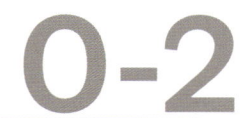

check the guideline　この項目に関連する指針・要領です。

保指針　第2章 保育の内容

1 乳児保育に関わるねらい及び内容
(2) ねらい及び内容　イ 身近な人と気持ちが通じ合う
（ア）ねらい　①安心できる関係の下で、身近な人と共に過ごす喜びを感じる。
（イ）内容　①子どもからの働きかけを踏まえた、応答的な触れ合いや言葉がけによって、欲求が満たされ、安定感をもって過ごす。

2 1歳以上3歳未満児の保育に関わるねらい及び内容
(2) ねらい及び内容　イ 人間関係
（ア）ねらい　①保育所での生活を楽しみ、身近な人と関わる心地よさを感じる。
（イ）内容　②保育士等の受容的・応答的な関わりの中で、欲求を適切に満たし、安定感をもって過ごす。
＊こ要領　第2章・第1・身近な人と気持ちが通じ合う・1(1),2(1)、第2章・第2・人間関係・1(1),2(2)に同じ

\key point　この項目でいちばん大切にしたいポイントを、写真とともに紹介します。/

まずは子どもをよく観察！

泣く理由は？

泣き叫ぶ子どもに対し、その理由（空腹、疲労、退屈など）を理解してニーズを満たし、子どもが落ち着くようにかかわる。
②11-3.1,5.1

口に入れたいタイミングは？

子どもの様子をよく見て、スプーンを口に運ぶタイミングを見計らう。
②11-7.2

子どもが伝えようとしていることを言葉にする

子どもの動きを見て、子どものしていることを言葉にしたり、次にやりたそうなことを考えて別のおもちゃを示したりする。
②11-5.3

advice

子どものそばにいて
子どもの行動をよく見ること

0・1・2歳児の子どもの近くでその行動をよく見ていると、その時々の子どもの気持ちが少しずつ理解できるようになっていく。すると、子どもからの言葉以外のコミュニケーションに応じることができるようになる。

H 言葉とのかかわり 言葉以前のコミュニケーション

 # 言葉以前のコミュニケーション 2 やり取りの促進

この項目では、「応答」から一歩進めて、大人がより積極的に子どもからの非言語的・言語的コミュニケーションを引き出すことについて考えます。

まだ言葉の出ていない赤ちゃんとも、コミュニケーションは発生します。

言葉が出ていないときから、「会話」を始めましょう。

「会話」とは「交代に話す」ことです。

大人が話しかけ、答えを待ったり、答えがなければ代わりに答えたりします。

子どもが「話したくなる（非言語的・言語的の両方）」ような大人からの働きかけが重要です。

review point

「新・保育環境評価スケール②（0・1・2歳）項目12子どもからのコミュニケーションの促進」
で示されている評価項目から、
保育の「なんとなく」を見直すときに使えるポイントをまとめました。

☐ 子どもと保育者が交互に話しているか　②12-3.1,5.1,7.1
（例としては、赤ちゃんが出す音をまねる、言葉が出始めの子どもと単純な「言ったり返したり」をするようなことである。回数多く子どもと「交互に話す」ことが大切）
　　☐泣いていたら言葉で応対するなど、大人がリードして話しかけることもあるか

☐ 保育者が質問をして、子どもの答えを待っているか　②12-3.2,5.2,7.2

☐ 子どもに対する保育者の応答は肯定的か　②12-3.3,5.3,7.3

☐ 質問は子どもにとって答えたくなるものか　②12-3.4,5.4,7.2

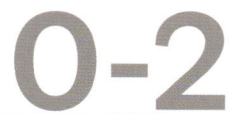

check the guideline　この項目に関連する指針・要領です。

保指針　第2章 保育の内容
1 乳児保育に関わるねらい及び内容
(2) ねらい及び内容　イ 身近な人と気持ちが通じ合う
(ア) ねらい　②体の動きや表情、発声等により、保育士等と気持ちを通わせようとする。
(イ) 内容　④保育士等による語りかけや歌いかけ、発声や喃語等への応答を通じて、言葉の理解や発語の意欲が育つ。

2 1歳以上3歳未満児の保育に関わるねらい及び内容
(2) ねらい及び内容　エ 言葉
(ア) ねらい　②人の言葉や話などを聞き、自分でも思ったことを伝えようとする。
(イ) 内容　⑦保育士等や友達の言葉や話に興味や関心をもって、聞いたり、話したりする。
＊こ要領　第2章・第1・身近な人と気持ちが通じ合う・1(2),2(4)、第2章・第2・言葉・1(2),2(7)に同じ

＼key point　この項目でいちばん大切にしたいポイントを、写真とともに紹介します。／

言葉が出る前から、子どもとたくさん「会話」する

子どもからの発信を逃さない

保育者とポットン落としをしている。穴に入ったことを保育者に視線としぐさで伝える子ども。保育者は、「穴の中にポットンって入ったね。うれしいね」と言い、繰り返す。
②12-3.3,5.3

子どもが答えたくなる質問をする

浴衣を着て帽子をかぶり、ドライブをしている様子の子に、保育者が「どこに行くの？」と話しかけると、「おまつり（に行った）」と子どもが答える。保育者が相槌を打つと、そのあと「○○（チェーンのお寿司屋）に行った」「○○に行ったの？何を食べたの？」と世間話が続く。
②12-5.4,7.3

advice
「話したい」気持ちを引き出す

子どもの表情、しぐさなど非言語の情報を受け取り、その子の思いに沿った言葉をかけていくことが大事。保育者の言葉によって子どもの「話したい」気持ちが動き、言語的な会話につながる。

絵本
1 保育者による絵本の使用

子どもは、絵本が好きです。

絵本には美しい絵と豊かな言葉で紡ぎ出された「見知らぬ世界」があります。

子どもを絵本の世界に誘い込むのは、大人の役割です。

保育者が絵本を読むとき、子どもは美しい絵に見入り、読んでくれる保育者の声を手がかりに言葉の響きやリズムを受け取り、好奇心でいっぱいになって絵本の世界へ入っていきます。

保育者と子どもが一緒になって絵本を楽しむことが、子どもの生涯にわたる本と読書への愛情を育てるのです。

review point

「新・保育環境評価スケール② （0・1・2歳）項目13保育者による絵本の使用」、
「新・保育環境評価スケール① （3歳以上）項目14保育者による絵本の使用」で示されている評価項目から、
保育の「なんとなく」を見直すときに使えるポイントをまとめました。

- ☐ 保育者は個別や小グループやクラス全体で絵本を読んでいるか　②13-3.1,5.1,7.1　①14-3.1,5.1,7.3
- ☐ 子どもは絵本の時間を楽しんでいるか　②13-3.2,5.2,7.2　①14-3.2,5.2,5.3,7.2
  - ☐絵本に興味をもてない子どもに、その場にいることを無理強いしない
  - ☐配慮を要する子どもには、小グループや個別で読み聞かせるなどし、楽しさを経験できるようにする
- ☐ 絵本を読むとき、内容が子どもにわかるようにしているか　②13-3.3,5.3,5.4　①14-3.3
- ☐ 保育者自身が絵本を楽しんでいるか　②13-3.4,5.5　①14-3.4,5.4
- ☐ 絵本を通して、文字の存在に関心が向くようにしているか　②13-7.3
- ☐ クラスの活動やテーマに沿った本があるか　①14-7.1
- ☐ 保育者は子どもと一緒に絵本を使って調べ物をしているか　①14-7.4

check the guideline
この項目に関連する指針・要領です。

保指針　第1章 総則
1 保育所保育に関する基本原則　(2) 保育の目標
ア (前略) 保育所の保育は、子どもが現在を最も良く生き、望ましい未来をつくり出す基礎を培うために、(後略)。
(オ) 生活の中で、言葉への興味や関心を育て、話したり、聞いたり、相手の話を理解しようとするなど、言葉の豊かさを養うこと。

幼要領　第1章 総則
第4 指導計画の作成と幼児理解に基づいた評価
3 指導計画の作成上の留意事項
(3) 言語に関する能力の発達と思考力等の発達が関連していることを踏まえ、幼稚園生活全体を通して、幼児の発達を踏まえた言語環境を整え、言語活動の充実を図ること。
＊こ要領　第1章・第2・2・(3)エに同じ

key point
この項目でいちばん大切にしたいポイントを、写真とともに紹介します。

絵本を楽しむ！　絵本の時間を楽しむ！　それが絵本の世界への誘いに

1歳児。自分で選んだ本を保育者に読んでもらっている。「保育者が絵本を読んでくれる＝自分に楽しみを与えてくれる」という経験は、保育者との信頼関係も深める。②13-7.1

2歳児。絵本に近づき、指をさしてそれが何かを知ろうとしている。その名前を言ったりして一緒に楽しむ。②13-3.2

言葉とのかかわり ＝ 絵本

子どもの興味や疑問に沿った絵本を一緒に見る

調べる本

3歳児。園庭で見つけたアゲハ蝶の幼虫について保育者と一緒に図鑑で調べる。①14-7.4

みんなと見る本

グループの読み聞かせのときは、どの子どもからも絵本全体が見えるようにする。　①14-3.2,

advice
読んだ後の話し合いは楽しく

絵本の内容についての話し合いは、子どもが楽しめるものにする。理解の確認や記憶テストにはしない。

絵本
2 絵本に親しむ環境

子どもが「一冊の絵本を手に取る」ことを大切にしましょう。

保育者がつくった「絵本に親しむ環境」の中で、子どもは「一冊を手に取る」「選んで一冊を手に取る」「手に取って感触を確かめる」「絵本を指でさしてみる」「一冊の絵本を友達と見る」というように絵本とのかかわりを深め、想像や知識や言葉の世界を広げていきます。

子どもが「一冊の絵本を手に取れる」環境をつくることが、保育者の大事な役割です。

review point

「新・保育環境評価スケール②（0・1・2歳）項目14絵本に親しむ環境」、
「新・保育環境評価スケール①（3歳以上）項目15絵本に親しむ環境」で示されている評価項目から、
保育の「なんとなく」を見直すときに使えるポイントをまとめました。

- ☐ 子どもが手に取れる位置に絵本があるか　②14-3.1,5.1,7.1　①15-3.1,5.1

- ☐ ノンフィクション（想像；創作、昔話など）、フィクション（事実；図鑑、写真絵本など）をはじめ、いろいろなジャンルの絵本があるか　②14-3.2　①15-3.2,7.1

  - ☐ 絵本は子どもの年齢や発達に合った適切な内容か

- ☐ 絵本は破れておらず、傷んだところは修繕がしてあるなど、常によい状態を保っているか
  ①15-3.3

- ☐ 子どもが自由に絵本を手に取り、落ち着いて見る場所があるか　②14-5.2　①15-3.4,5.3,7.3

- ☐ 保育者は、子どもが絵本を手に取っているときに関心を寄せるか　②14-3.3,5.3,7.2　①15-5.4

- ☐ 絵本は現在の子どもの興味やクラスの活動に関係しているか　①15-7.2

- ☐ 絵本はそのときの子どもやクラスの状態に合わせて入れ替えているか　②14-7.3

check the guideline　この項目に関連する指針・要領です。

保指針　第2章 保育の内容

1 乳児保育に関わるねらい及び内容
(2) ねらい及び内容　ウ 身近なものと関わり感性が育つ
(ア) ねらい　②見る、触れる、探索するなど、身近な環境に自分から関わろうとする。
(イ) 内容　③保育士等と一緒に様々な色彩や形のものや絵本などを見る。

2 1歳以上3歳未満児の保育に関わるねらい及び内容
(2) ねらい及び内容　エ 言葉
(ア) ねらい　③絵本や物語等に親しむとともに、言葉のやり取りを通じて身近な人と気持ちを通わせる。
(イ) 内容　④絵本や紙芝居を楽しみ、簡単な言葉を繰り返したり、模倣をしたりして遊ぶ。
＊こ要領　第2章・第1・身近な物と関わり感性が育つ・1(2),2(3)、第2章・第2・言葉・1(3),2(4)に同じ

＼key point　この項目でいちばん大切にしたいポイントを、写真とともに紹介します。／

言葉とのかかわり　｜絵本

0歳児から自分で選ぶ、自分で取り出す

ハイハイでも取れる

ハイハイで絵本棚に向かっていき、好きな絵本を選ぶ。子どもがまだ立てなくても、絵本が選べる。
②14-3.1,5.1,5.2

表紙が見える

子どもが自分で選べるよう、絵本の「顔」が見える並べ方（面立て）をしている。

advice

そのときの子どもに合わせた絵本を置く

発達や興味に応じた本をたくさん、子どもがすぐに手に取れるようにしておく。また、季節、保育のテーマに応じて時々入れ替える。

好きな絵本を落ち着いて見る環境も

思い思いに楽しめる絵本コーナー

選んだ絵本を、くつろげる場所で、一人で、または二人で落ち着いて読む。
②14-5.1,5.2,7.1

check the guideline この項目に関連する指針・要領です。

> **幼要領** 第2章 ねらい及び内容 言葉
> 1 ねらい （3）日常生活に必要な言葉が分かるようになるとともに、絵本や物語などに親しみ、言葉に対する感覚を豊かにし、先生や友達と心を通わせる。
>
> 2 内容 （9）絵本や物語などに親しみ、興味をもって聞き、想像をする楽しさを味わう。
> ＊**保指針** 第2章・3・(2)・エ言葉・(ア)③、(イ)⑨、
> **こ要領** 第2章・第3・言葉・1(3)、2(9)に同じ

key point この項目でいちばん大切にしたいポイントを、写真とともに紹介します。

いろいろな形で、絵本の魅力をプッシュ！

＜クラスの絵本リスト＞読み聞かせをした絵本の写真を、カレンダーに貼り付けている。「クラスの絵本リスト」は子どもが読みたい絵本を探す手がかりとなる。　①15-5.4

＜おすすめ絵本＞保育者おすすめの本などは特別な置き方をしてみる。
①15-5.4

＜柔らかいクッション＞くつろいで本が読めるように、クッションやカーペットなど柔らかい物を置いている。
①15-5.3

子どもの興味やクラスの活動に沿った設定に

保育室の隅に静かな場所をセッティングする。　①15-5.3

その時々のクラスの活動テーマに沿った絵本が置いてあるコーナーをつくる。　①15-7.2

園庭で何か見つけたときにすぐ確かめられるよう、園庭に面したベランダに絵本棚がある。　①15-5.4,7.3

 # 文字に親しむ環境

文字への親しみは、子どもが「文字」を自分に関係のあることだと認識することから始まります。

決して子どもに文字を書かせたり読ませたりすることを強制してはいけません。

日常にあふれる文字を、どのように整理し、子どもにふさわしいものとして取り扱っていくかが

ポイントです。保育者は子どもの経験と文字とを、意味のあるものとして結び付けていく必要が

あります。

また、子どもの発言を書き留めることは、子ども自身が自分の思いを受け止めてもらえたという肯

定感につながります。

子どもが適切に文字と出会い、親しむことができるようにしていきましょう。

review point

「新・保育環境評価スケール①（3歳以上）項目16印刷（書かれた）文字に親しむ環境」で示されている評価項目から、
保育の「なんとなく」を見直すときに使えるポイントをまとめました。

- ☐ 絵や写真に文字が添えられたものがあるか　①16-3.1,5.1
- ☐ 保育者が、文字を指さして読んだりしているか　①16-3.2,7.3
  （例えば絵本の題字を一文字ずつ指さして読むなど。一文字ずつ教え込むものではない）
- ☐ 保育室内に子どもの名前が書かれたものがあるか　①16-3.3
- ☐ 子どもが言ったことを書き留めているか　①16-5.3,7.2
- ☐ 「書きたい」子どもは書ける環境があるか　①16-5.3
- ☐ クラスの現在進行している活動に関して、書かれたものがあるか　①16-7.1
- ☐ 絵や文字で、活動の順序を示しているもの（手洗いの順序、クッキングのレシピなど）があるか
  ①16-7.4

幼要領　第2章 ねらい及び内容　環境

1　ねらい　(3) 身近な事象を見たり、考えたり、扱ったりする中で、物の性質や数量、文字などに対する感覚を豊かにする。
2　内容　(10) 日常生活の中で簡単な標識や文字などに関心をもつ。

＊**保指針**　第2章・3・(2)・ウ環境・(ア)③,(イ)⑩に同じ
こ要領　第2章・第3・環境・1(3),2(10)

\\key point　この項目でいちばん大切にしたいポイントを、写真とともに紹介します。/

教え込むのではなく、親しめる環境を用意する！

自分の棚や道具入れに名前が書かれている。子どもは、自分の物のありかや置き場所がわかることで安心して過ごすことができる。　①16-3.3

自分の場所を示す文字

卓上ゲームなどが、それぞれの名前が書かれたラベルの付いた棚に収納されている。子どもは、遊びの名前を確認しながら選び取ることができ、元の場所に自分で戻すことができる。　①16-3.1,5.1

玩具の置き場所を示す文字

子どものかいたものに題や名前を添えて掲示している。

advice

書き留められる経験

表題や名前が付けられると、自分の作品が大切に扱われていると感じる。自分の言葉が書き留められると、尊重されていると感じる。これらの経験は自己肯定感につながり、子どもの意欲を高める。

子どもがかいた絵について、保育者は聞き取りをして、メモを取っている。　①16-5.3

文字は「使える」と知る

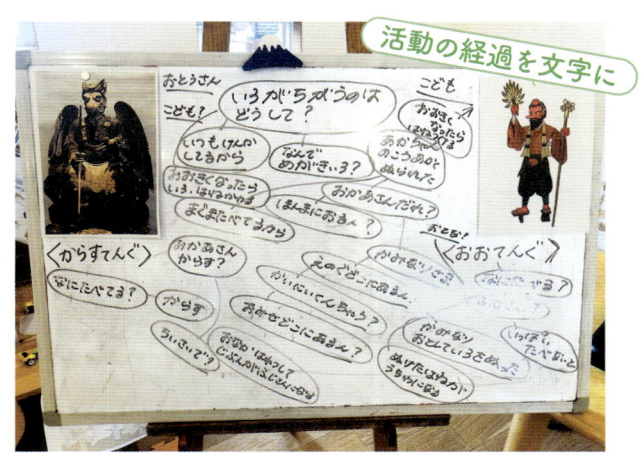

活動の経過を文字に

〈てんぐ〉プロジェクトが進行中。子どもからのアイデアを書き留めて、見返せるようにしてある。　①16-7.2

考えたことを文字に

子どもと話し合いながら、出てきたアイデアを書き留める。
①16-7.2

文字を使った表現を試せる

5歳児。「文字スタンプ」があると、まだ字が書けなくても、自分の思いや考えを表現することができる。一文字ずつ探し出してスタンプすることも楽しんでいる。　①16-5.3

advice

子どもの意思を尊重

子ども全員に文字で書くことを求めるのではなく、「書きたい」という思いが見られた子どもに適切に対応できるように準備しておく。

見ながら書ける

5歳児。自分で書きたい気持ちが芽生えているときは、紙とペンなどを手に取れるところに準備したり、50音表を置いたりしておく。
①16-5.3

言葉とのかかわり♪文字に親しむ環境

「保育の質」ってなんだ?

「保育の質の向上を」ってよく言われますよね。でもそれって、どういうことでしょう。「保育環境評価スケール」を使って研究者が調査して「点数が1ポイント上がった」=「質が向上した」と言ったとします(ご存じない方のためにざっくりと補足すると、「保育環境評価スケール」では、3時間程度保育観察を行い、30数個ある保育の観点を示した項目について3.2とか数字のついた指標の内容をチェックしていき、点数化していって1ポイントという最低レベルから7ポイントというレベルまで7段階で保育の質の評価を行います)。1ポイントくらいなら、たとえば「積み木とその付属品」を整えれば確実に上がります。物をそろえていけばスコアはひとまずアップするのですが「そんなのを質の向上というのか?」と言う人もいます。

でもね、物があれば、子どもは「物を通しての経験」ができるのです。たとえば「積み木とその付属品」をそろえれば、子どもは積み木を積んだり並べたり組み合わせたりして指先の器用さを発達させたり、物体のバランスや質感・量感を経験したり、数えたり、車や人形などの付属品を使って自分の思いを表現したり、友達と交流したり、つくったものを言葉で説明したりできるのです。それって「保育の質の向上」ですよね。難しいことを言えば「構造の質が上がる(物がそろう)とプロセスの質が上がる(子どもの経験が増える)」のは当然です。

いろいろな物を置けば、いろいろな経験という可能性が生まれます。でもそれは可能性であって、本当に経験するかどうかは、保育者がどう環境を設定するか、どうかかわるかってことにかかってきます。「物をそろえても保育の質の向上とはならない」と言う人は、その辺りのことを言いたいわけですね。

でも堅いこと言わずに、まず物を置いてみましょうよ。すると子どもが遊びます、それが大事。しっかり遊べる時間が取れるように日課を見直しましょう。安心して遊べるように室内のレイアウトを見直しコーナーなどを工夫しましょう。見て一緒に遊んだりコメントしたり質問したりしましょう。

そうすると、必ず子どもが変わります。子どもが生き生きとした姿を見せると、保育者はうれしいし、楽しくなります。「子どもが変わり、保育が楽しくなる」、それが保育の質の向上ってものでしょう?

4章

活動内容を
ひとつひとつ
見直し！

微細運動

造形

音楽リズム

積み木

ごっこ遊び

自然・科学

数・量・形など

多様性の受容

ICTの活用

 微細運動

微細運動（fine motor）とは、手や指を使い細かな作業を行うことです。

子どもは、微細運動遊びにより、「手や指を使って小さな物を操る自分」と出会います。

手や指を使うときには、目と手の「協応」が必要です。例えばビーズにひもを通すには、穴のありかを目で見て、指でつかんだひもの先を穴に入れていかなくてはなりません。

手指の「器用さ」を養い、さまざまな道具を使いこなすスキルを身に付けることは、生活に役立ち、いろいろな作業をしたり文字を書いたりする学業をこなす力につながっていきます。

review point

「新・保育環境評価スケール②（0・1・2歳）項目15微細運動（手や指を使う）」、
「新・保育環境評価スケール①（3歳以上）項目17微細運動（手や指を使う）」で示されている評価項目から、
保育の「なんとなく」を見直すときに使えるポイントをまとめました。

☐ 発達にふさわしい微細運動遊びの遊具・教材があるか　②15-3.1,5.1,7.1　①17-3.1,5.1

☐ トラブルが起こったときに保育者の介入があるか　②15-3.2,5.2　①17-3.2

☐ 微細運動遊びの時間が十分にあるか　①17-5.2

☐ 保育者は積極的にかかわっているか（興味を示す、色や形を言う、子どもの動作を描写するなど）
　②15-3.3,5.3,7.2　①17-5.3,7.1,7.3

☐ 難易度の異なる遊具・教材があるか　②15-3.4　①17-3.4,5.1

☐ 遊具・教材がよく整理され、気持ちよく遊べる場所があるか　②15-5.4　①17-3.3

☐ 子どもが自分で遊具や教材を出し入れできるか　①17-7.2

☐ 概念（大小、長短、高低、数量、音、色、形、方向など）の理解につながるコメントや質問があるか
　②15-7.3　①17-7.3

check the guideline　この項目に関連する指針・要領です。

保指針　第2章 保育の内容
1 乳児保育に関わるねらい及び内容
(2) ねらい及び内容　ウ　身近なものと関わり感性が育つ
(ア) ねらい　②見る、触れる、探索するなど、身近な環境に自分から関わろうとする。
(イ) 内容　④玩具や身の回りのものを、つまむ、つかむ、たたく、引っ張るなど、手や指を使って遊ぶ。

(ウ) 内容の取扱い　①玩具などは、音質、形、色、大きさなど子どもの発達状態に応じて適切なものを選び、その時々の子どもの興味や関心を踏まえるなど、遊びを通して感覚の発達が促されるものとなるように工夫すること。(後略)
＊こ要領　第2章・第1・身近なものと関わり感性が育つ・1(2),2 (4),3(1)に同じ

\key point　この項目でいちばん大切にしたいポイントを、写真とともに紹介します。/

発達に合った「つかむおもちゃ」をたくさん用意！

ビーズコースター。自分で動かしたビーズの動きを目で追う。　②15-3.1

つかむ、動かす、目で追う

advice

微細運動を表す「動詞」でおもちゃ選び

振る・つかむ・握る・引く・押す・たたく・引っぱる・ちぎる・さくなど、手や指を使う「動詞」を考え、その動詞が使えるおもちゃを用意する。

見る、つかむ

プレイジム。見て、手を伸ばして、つかむ。自分が触ると音が鳴ることに気づく。②15-5.4

つかむ、振る、音を聴く

小さなガラガラや楽器を見つけ、手を伸ばし、つかんで、振って、音を聴く。　②15-5.4

保育者は見守り、色、形、動きに注目した言葉かけを

ポットン落とし。ピースをつかんで、穴をよく見て、入れる。保育者は見守りながらピースを渡したり、ピースの色や形について話したりする。②15-5.3,7.3

新聞紙をつかみ、ちぎったり、さいたり、やぶったりして、指先や手首の動きを身に付けていく。

活動内容　K　微細運動

65

保指針　第2章 保育の内容
2 1歳以上3歳未満児の保育に関わるねらい及び内容
(2) ねらい及び内容　ウ 環境
（ア）ねらい　③見る、聞く、触るなどの経験を通して、感覚の働きを豊かにする。
（イ）内容　③身の回りの物に触れる中で、形、色、大きさ、量などの物の性質や仕組みに気付く。
（ウ）内容の取扱い　①玩具などは、音質、形、色、大きさなど子どもの発達状態に応じて適切なものを選び、遊びを通して感覚の発達が促されるように工夫すること。
＊こ要領　第2章・第2・環境・1(3), 2(3), 3(1)に同じ

key point
この項目でいちばん大切にしたいポイントを、写真とともに紹介します。

「指先を使う遊び」を、多種多様に

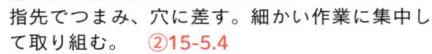

玉差し

指先でつまみ、穴に差す。細かい作業に集中して取り組む。　②15-5.4

シール遊び

保育者と一緒に台紙からシールをはがし、別の用紙に貼る。「めくる」「つまむ」「はがす」ことがおもしろい。
②15-7.2

子どものすることを言葉で描写する

粘土を積み重ねている1歳児に、
「いちばん大きいのがいちばん下にあるね」
「2番目は1番目より小さいね」
「だんだん小さくなるね」
「全部で何枚あるかなあ。1枚、2枚……」などと、その大きさや数などに注目する言葉をかける。
②15-7.3

ひも通し〜難易度を変えて〜

よく見て、ビーズの穴にひもを通す。大きさの違うビーズを用意する。
②15-3.4

advice
遊びの細かな要素に注目し、言語化する

例えばビーズなどのパーツの色や形、あるいは子どもの意図を推測して言葉かけをする。

check the guideline　この項目に関連する指針・要領です。

幼要領　第2章 ねらい及び内容　環境
1 ねらい　(2)身近な環境に自分から関わり、発見を楽しんだり、考えたりし、それを生活に取り入れようとする。
2 内容　(8)身近な物や遊具に興味をもって関わり、自分なりに比べたり、関連付けたりしながら考えたり、試したりして工夫して遊ぶ。
*保指針　第2章・3・(2)・ウ環境・(ア)②、(イ)⑧、
こ要領　第2章・第3・環境・1(2)、2(8)に同じ

\key point　この項目でいちばん大切にしたいポイントを、写真とともに紹介します。

小さな物で遊ぶのは楽しい！

友達と一緒に

ワミー®（左）やレゴ®（右）など、指先を使う色々な遊具がある。
①17-3.3

一人で

積み木と動物の小さなフィギュアをつまんだりつかんだりして組み立てていく。
①17-3.3

保育者も子どもの遊びに興味をもつ

「青、緑、の次は黄色なんだ～」

保育者が色や並べ方について子どもと話をしている。
①17-5.3,7.1,7.3

収納はわかりやすく

収納棚にはラベルを貼ってあり、どこに何があるかがわかり、子どもが自分で出し入れできる。　①17-7.2

advice

多様な遊具をそろえる

質の良い既成品のおもちゃをそろえる。毎年少しずつでも買い足すと、何年か経つと充実していく。

advice

微細運動の遊具・教材

以下の4つに分けられる；
・組み合わせの構成遊具（レゴ®、デュプロ®、ラキュー®など）
・造形用具（はさみ、クレヨン、筆、鉛筆、粘土など）
・指先を使う物（玉差し、ペグ差し、縫い物セットなど）
・パズル

活動内容　**K**　微細運動

創意工夫で手作りの微細運動遊び

和紙とヘアゴムで

ストローと糸で

手作りの和紙ビーズ（5歳児が和紙で絵の具遊びをして、乾いた後に細く帯状に切り、丸めて作った）に、3歳児がヘアゴムを通してネックレス作り。

ストローを短く切った物にテグスを通し、ネックレスやブレスレットを作る5歳児。

毛糸で

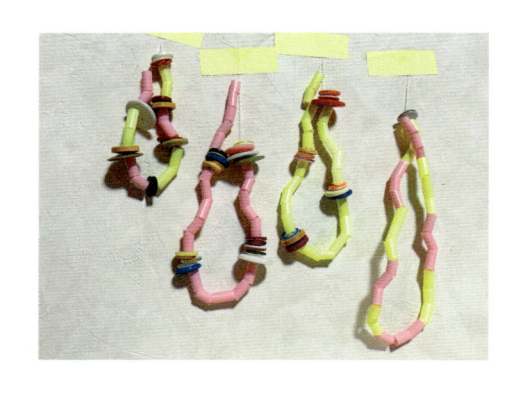

指編みをする5歳児。できあがりが、寿司ネタになったものもある。

advice

身近な素材を見直して

ストロー、毛糸、紙類など身近な素材を、微細運動遊びの素材として見直してみると、いろいろな発想が広がる。微細運動の遊具・教材の中には、工夫しだいで手作りできる物も。

造形

造形活動は、「物との戯れ」から始まります。

絵の具などの画材や多様な素材と出会い、子どもは自分のしたことで何がどう変わるかを何度も何度も試します。造形活動の第一歩は探索であり、ものの性質を知ろうとする科学的な探究でもあります。

画材が操れるようになると、自らの思いを形にしようとします。

ときには、ほかの人に思いを伝える手段にもします。

大人の物差しで見栄えのよい「作品」を作らせるのではなく、子どもが存分に画材と遊べるようにし、子どもが表そうとしているものを見て取りましょう。

review point

「新・保育環境評価スケール② （0・1・2歳） 項目16造形」、
「新・保育環境評価スケール① （3歳以上） 項目18造形」で示されている評価項目から、
保育の「なんとなく」を見直すときに使えるポイントをまとめました。

☐ 造形の用具や材料があるか／安全か　②16-3.1,5,1　①18-3.1,5.1

☐ 造形活動は強制されない　②16-3.2

☐ 保育者の見守りがあるか　②16-3.3,5.2

☐ 保育者は子どもに話をしているか　②16-3.4,5.3,7.3　①18-3.3,5.3

☐ 色や形、大きさの違いというような概念を子どもに知らせているか　②16-3.4,7.1

☐ 子どもが自分なりに、かいたりつくったりしているか　②16-3.5,5.4　①18-3.2,5.2

☐ 保育者が用具・材料の適切な使い方（扱い方）を教えているか　②16-7.2　①18-7.1

☐ クラスの活動のテーマに関係した造形活動があるか　①18-7.2

☐ かいたりつくったりしたものについての子どもの言葉を書き出しているか（表題を付ける、発言の内容を書き出す）　②16-7.4　①18-7.3

check the guideline この項目に関連する指針・要領です。

保指針 第2章 保育の内容 1 乳児保育に関わるねらい及び内容
(2) ねらい及び内容 ウ 身近なものと関わり感性が育つ
（ア）ねらい ②見る、触れる、探索するなど、身近な環境に自分から関わろうとする。

（イ）内容 ②生活や遊びの中で様々なものに触れ、音、形、色、手触りなどに気付き、感覚の働きを豊かにする。
＊こ要領 第2章・第1・身近なものと関わり感性が育つ・1(2), 2 (2)に同じ

\key point この項目でいちばん大切にしたいポイントを、写真とともに紹介します。/

「変わる」おもしろさを一緒に楽しむ！

※1歳半くらいまでの子どもは、材料を適切に扱うことが難しいことから、造形活動については必ずしも求められない。とはいえ、0歳であっても保育者の十分な準備と見守りのもとに造形活動を楽しむことができる。

押したら、変わった！

advice
能動的な体験を

自分のしたことがどんな変化をもたらすかを繰り返し楽しむことが、造形の第一歩である。

チャック付きポリ袋の中に絵の具を乗せた紙を入れたもの。手で押すと、絵の具が広がったり、混ざったりする。「押したら赤いのが大きくなったね」など、色、形、子どもの動作に注目して話しかける。
②16-3.4, 7.1

0歳児に扱いやすい画材を用意する

色が変わる！

握りやすい太筆で、アスファルトの地面に水で描く。水の量や筆の持ち方で線が変わる。乾くと消えてしまう不思議さ、おもしろさ、発見がある。 ②16-5.4

小さめのペットボトルに、気泡緩衝材を巻いた、つかみやすいスタンプ。何度も押して、色の重なりや変化を楽しむ。 ②16-7.1, 7.2, 7.3

押すたびに、変わる！

advice
0歳児との造形活動を楽しもう！

0・1・2歳児に画材を提供すると、保育者は子どもたちと積極的に交流することができ（色や形、変化を一緒におもしろがる）、楽しい経験を通して、子どもに新しい言葉や考えを伝えられる。

保指針　第2章 保育の内容
2　1歳以上3歳未満児の保育に関わるねらい及び内容
(2) ねらい及び内容
ウ 環境　(ア) ねらい　②様々なものに関わる中で、発見を楽しんだり、考えたりしようとする。
(イ) 内容　③身の回りの物に触れる中で、形、色、大きさ、量などの物の性質や仕組みに気付く。
オ 表現　(ア) ねらい　②感じたことや考えたことを自分なりに表現しようとする。
(イ) 内容　⑥生活や遊びの中で、興味のあることや経験したことなどを自分なりに表現する。
＊こ要領　第2章・第2・環境・1(2),2(3)、表現・1(2),2(6)に同じ

\ key point　この項目でいちばん大切にしたいポイントを、写真とともに紹介します。／

「かく」「つくる」ことを自由に楽しめるようにする

描画台で

テラスに紙を敷いて

座って、立って、紙や段ボールなどいろいろなものに、クレパスやマーカーなど好きな画材を使って、自由にかくことを楽しむ。
②16-3.1,5,1

粘土など、立体的に自由に形を変えられる素材で作ることも楽しい。②16-5.4

保育者と会話しながら、かいたりつくったり

保育者と一緒に、手を使って絵の具遊び。子どもの行為や行為の結果、気持ちなどを言葉にし、子どもと話をする。
②16-3.3,5.2,7.2,7.3

advice
自分なりに「かく」「つくる」ことを大切に

2歳頃になると線・点・円を意図的にかくための運動制御（目と手の協応、手首や腕の動き）と思考能力が身に付き、自分なりにかいたりつくったりして自由に表現し始める。保育者が作ったものをお手本にすることは単なる模倣であり、創造的ではない。

活動内容　L 造形

幼要領 第2章 ねらい及び内容 表現
1 ねらい　(2) 感じたことや考えたことを自分なりに表現して楽しむ。
2 内容　(5) いろいろな素材に親しみ、工夫して遊ぶ。

(7) かいたり、つくったりすることを楽しみ、遊びに使ったり、飾ったりなどする。
＊**保指針** 第2章・3・(2)・オ表現・(ア)②,(イ)⑤⑦、
こ要領 第2章・第3・表現・ 1(2),2(5)(7)に同じ

\key point
この項目でいちばん大切にしたいポイントを、写真とともに紹介します。

用具・材料を自由に使って試せる環境を整えよう

在りかがわかりやすい

造形コーナーに、画材や廃材を整理して置いてある。　①18-5.2

advice

環境が活動を左右する

わかりやすく提供されることで、子どもは自分の好きなものと出会いやすく、集中して取り組むことができる。

3歳児。子どもたちが興味をもっている「丸い形のもの」に注目。さまざまな大きさや色の、丸いフェルトを用意。重ねたり並べたりして遊べるコーナー。　①18-7.2

分類されて選びやすい

5歳児。縁のある土台にタイルを丁寧に並べている。選びやすいように、色や大きさが異なるタイルを分類して容器に入れてある。

子どもの姿に合わせて素材や道具を追加していく

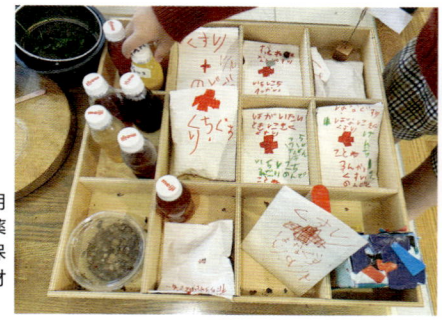

5歳児。園庭で集めた自然物と一緒にすり鉢を用意しておいた。そこで薬屋さんが始まり、飲み薬や粉薬など子どもたちのアイデアが出てきた。保育者はそのアイデアが実現できるよう、造形素材や道具をそろえていった。　①18-7.2

子どもたちの創造的表現につながるような環境とかかわりを工夫

描いたものを飾る場所がある。

保育者は「汚れてきたから筆を洗おう」と画材の使い方を示したり、子どもがつくったりかいたりしたものについて話をする。　①18-5.3

advice

刺激と場はセットで

作品や、遊びの姿を写真や文字で掲示すると、子どもにとってよい刺激になる。その傍らには、やってみることができる物と場もあるとよい。

絵の具でかいて遊べる場。近くにハサミやテープなどの棚があり、「かく」以外にも遊びが広がっている。　①18-5.2

4歳児。模様にはいろんな呼び方や名前があることを知り、線や点、面を使って模様を表現し、自分で名前を付けた。作品と遊びの様子を掲示。　①18-7.3

子ども同士で表現について話し合う機会をつくる

3歳児。クラスで自分の作品を発表する時間を設けた。それぞれの表現を共有する時間があると、新しい考えや知識に出会えるきっかけとなる。　①18-7.2

5歳児。園庭で見つけた草花を、グループに分かれ描いている。各グループで絵の具、クレパス、マーカーなど使いたい画材を選ぶ。線描きした絵に何で色付けするか相談している。　①18-7.2

活動内容　L 造形

 音楽リズム

音楽の楽しさは「人の声」や「音」との出会いから始まります。

歌が聞こえてきて喜ぶ、リズムを感じる、身近な物で音を出すといった日常的でシンプルな体験から、音楽に親しむようになります。やがて自分で歌い出し、言葉の響きやリズムが楽しい歌に親しむようになり、心地よい音の楽器にふれて、音楽の楽しさや喜びを感じ、リズムやメロディなど音楽の要素に興味をもつようになります。

音楽は感情を表現し、コミュニケーションをとる手段でもあります。

歌や演奏の技術的指導によって完成度を求めるのではなく、子ども自身の喜びとなるような自由な表現を認め、ともに音楽を楽しむことが大切です。

review point

「新・保育環境評価スケール②（0・1・2歳）項目17音楽リズム」、
「新・保育環境評価スケール①（3歳以上）項目19音楽リズム」で示されている評価項目から、
保育の「なんとなく」を見直すときに使えるポイントをまとめました。

- ☐ 発達にふさわしい音楽の教材・遊具があるか　②17-3.1,5,1,7.1　①19-3.1,5.1
- ☐ BGMがほかの活動を妨げていないか　②17-3.2　①19-3.2
- ☐ 何らかのリズム遊びやダンスなどの活動があるか　②17-3.3,7.3　①19-5.2,5.3
- ☐ 保育者は子どもが歌うのを励ましているか　①19-3.3
- ☐ 保育者が主導する集団での音楽活動は楽しいものになっているか　②17-3.4　①19-3.4
- ☐ 音楽活動は一人ひとりに応じたものであるか　②17-5.2　①19-5.4
- ☐ 保育者は音楽の形式や歌詞について、子どもの関心をひいているか　②17-7.2　①19-7.2
  - ☐ 強弱やテンポ、歌詞の意味や言葉の並び方（繰り返し、韻）のおもしろさに子どもが気づくようにしているか
- ☐ 自分なりのアイデア（歌詞やメロディ、振り付けなど）を子どもが出せるようにしているか
  　①19-7.3

check the guideline　この項目に関連する指針・要領です。

保指針　第2章 保育の内容　1 乳児保育に関わるねらい及び内容
(2) ねらい及び内容　ウ 身近なものと関わり感性が育つ
(ア) ねらい　③身体の諸感覚による認識が豊かになり、表情や手足、体の動き等で表現する。

(イ) 内容　⑤保育士等のあやし遊びに機嫌よく応じたり、歌やリズムに合わせて手足や体を動かして楽しんだりする。
＊こ要領　第2章・第1・身近なものと関わり感性が育つ・1(3),2(5)に同じ

key point　この項目でいちばん大切にしたいポイントを、写真とともに紹介します。

心地よい声や音のシャワーをたっぷりと！

目覚めたときに

目覚めた子どもに楽しく
歌って聞かせている。
②17-5,2

advice
人の声はすばらしい！

子どもが眠いときの子守唄、ぼんやりしているときにあやす歌、一緒に楽しく遊ぶ歌。保育者は生活のさまざまな場面で、優しく、楽しく、生き生きと歌いたいものです。歌で、「生きていることの楽しさ」を伝えていこう。

自由に楽器を探索

好きな楽器を手に取り、口に入れたり、鳴らしたり。手を動かすと、好きな音が鳴ることが心地よく、何度も試している。　②17-3.1,5.1

わかりやすい色、つかみやすい形、さまざまな音色のする楽器を用意する。
②17-3.1,5.1

他児からの刺激も大切にする

advice
安全に探索できる楽器を用意

0歳児の頃は、楽器を適切に使用するよりも、探索したり操作したりすることに興味がある。例えば、なめたりもするが、振ったり叩いたりして自ら音を出して楽しむ。そして、微細運動能力を発達させながら、さまざまな楽器へと興味が広がっていく。安全性に十分留意した、年齢や発達にふさわしい遊具・教材を準備することが必要である。

音が鳴るおもしろさを、そばの子どもとともに味わっている。他児の動きや、持っている楽器に興味を示している。
②17-3.1,5.1

活動内容　M 音楽リズム

check the guideline　この項目に関連する指針・要領です。

保指針　第2章 保育の内容
2　1歳以上3歳未満児の保育に関わるねらい及び内容
(2) ねらい及び内容　オ 表現
（ア）ねらい　③生活や遊びの様々な体験を通して、イメージや感性が豊かになる。

（イ）内容　②音楽、リズムやそれに合わせた体の動きを楽しむ。
④歌を歌ったり、簡単な手遊びや全身を使う遊びを楽しんだりする。
＊こ要領　第2章・第2・表現・1(3),2(2)(4)に同じ

key point　この項目でいちばん大切にしたいポイントを、写真とともに紹介します。

子どもと一緒に、歌って、踊って！

歌でお祝い！

子どもの好きな誕生日の歌を一緒に歌う。
②17-5.2

わらべうたでふれあい遊び。　②17-5.2

advice

保育者の振る舞いが大事

子どもは、保育者の歌う姿や表情、楽器の鳴らし方などを近くで見ることで、歌うことや楽器の楽しさに気づき、自分でやってみようとする。保育者は何かを教え込むのではなく、心地よい雰囲気づくりと自身が楽しむ姿を見せよう。

遊びに歌とリズムを！

子どもは、保育者の歌と動きに注目し、歌ったり、動きをまねしたりして楽しんでいる。
②17-3.4

音を楽しむ雰囲気づくりをしていく

ステージで演奏会ごっこ

1歳児。好きな楽器をそれぞれ手にし、音楽に合わせて思い思いに鳴らして演奏会ごっこ。
②17-7.3

check the guideline この項目に関連する指針・要領です。

幼要領 第2章 ねらい及び内容 表現
1 ねらい （2）感じたことや考えたことなどを自分なりに表現して楽しむ。
（3）生活の中でイメージを豊かにし、様々な表現を楽しむ。
2 内容 （1）生活の中で様々な音、形、色、手触り、動きなどに

気づいたり、感じたりするなどして楽しむ。
（6）音楽に親しみ、歌を歌ったり、簡単なリズム楽器を使ったりするなど楽しさを味わう。
＊**保指針** 第2章・3・(2)・オ表現・(ア)②③、(イ)①⑥、
こ要領 第2章・第3・表現・1(2)(3)、2(1)(6)に同じ

key point この項目でいちばん大切にしたいポイントを、写真とともに紹介します。

音楽を通して、思いを分かち合う経験を

みんなで歌を味わう

歌詞に気持ちを寄せ、思いを分かち合い、友達の声と自分の声を重ねてともに歌う喜びを知る。

みんなで踊りを楽しむ

子どもと一緒に踊りながら、ダンスをリード。子どもは、保育者と踊ることを楽しみながら、音楽に合わせて体を動かしている。　①19-3.4

advice

歌詞を大切に

保育者は、その時々にふさわしい歌を選び、歌詞に込められた意味を伝えよう。それが「大声を出す（がなる）」のではなく、気持ちを合わせて「美しく」「心地よく」歌うことにもつながる。

活動内容　**M** 音楽リズム

子どもたちのアイデアを取り入れて、表現がより楽しくなるように

子どもは音楽に合わせ自分なりに動物になりきっている。保育者は、子どものアイデアに沿って一緒に体を動かし、イメージを膨らませ、表現することがより楽しくなるようにしている。　①19-5.4

表現遊びの発表会に向けて、子どもが音楽に合わせて自分たちで考えた振り付け、歌詞を保育者に伝えている。　①19-7.2,7.3

「音楽」をつくることも楽しんでみよう

「音」で遊べる場を設定。叩いて鳴らす、振って鳴らす、手首のスナップで鳴らす、スティックを使って鳴らすなど、さまざまな楽器や音にふれられるようにした。

五線紙を置いておくと、自由に音符や記号を書いて作曲遊びを楽しんでいた。

楽器は手に取りやすいように並べ、子どもは自由に選んで使うことができる。
①19-3.1,5.1

この楽器は、どんな音かな？

advice
「音」が騒音にならない工夫

室内には音の小さな民族楽器を用意したり、太鼓などの大きな音の楽器は戸外に置いてみたり、楽器の種類や置き方を工夫してみる。

友達と演奏したくなる環境がある

このリズム、いいね！

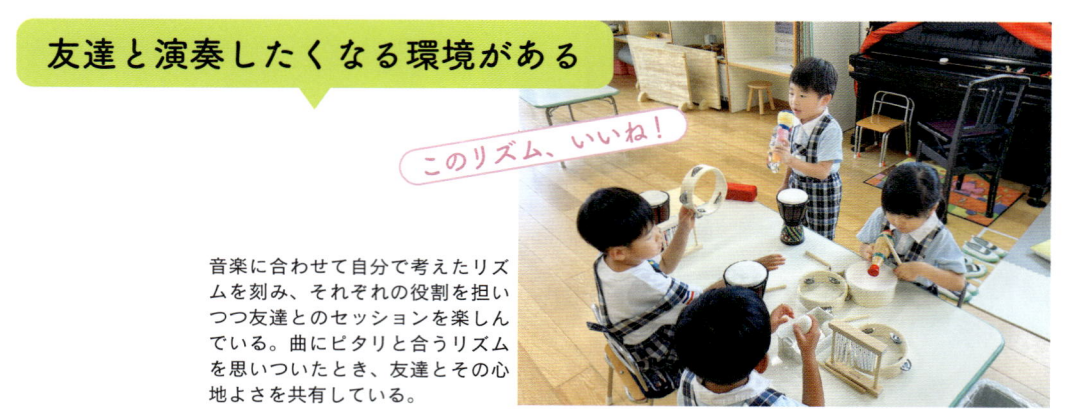

音楽に合わせて自分で考えたリズムを刻み、それぞれの役割を担いつつ友達とのセッションを楽しんでいる。曲にピタリと合うリズムを思いついたとき、友達とその心地よさを共有している。

# 積み木

発達に伴って、子どもと積み木のかかわり方、遊び方は変わります。

積み木でいろいろ作り始めるようになると、積み木の量が豊富で整理されていること、そして簡単に手に取れて、人の行き来が少なくじゃまされないスペースがあることで、遊びが発展します。

また、積み木とともに、積み木と一緒に遊ぶ付属品（車や人・動物のフィギュア、道路標識など）があると、子どものイメージが広がります。

さらに、さまざまなサイズや形があることで、数・量・形などについての概念、空間認識、重さやバランスなど物の性質に気づいていきます。

review point

「新・保育環境評価スケール② （0・1・2歳）項目18積み木」、
「新・保育環境評価スケール① （3歳以上）項目20積み木」で示されている評価項目から、
保育の「なんとなく」を見直すときに使えるポイントをまとめました。

- ☐ 積み木と付属品（車や人・動物のフィギュア、道路標識など積み木と一緒に遊べるもの）があるか　②18-3.1,3.2,5.1　①20-3.1,5.1
  - ☐ 付属品は積み木遊び専用の物で、同じ所に収納されているか
- ☐ 保育者のかかわりはあるか　②18-3.3,5.4,7.3,7.4　①20-3.4,5.5,7.2,7.3
- ☐ 積み木で遊ぶスペースがあるか　②18-5.3　①20-3.2,5.1,5.3
- ☐ 積み木と付属品はタイプ別に分けて収納されているか　②18-5.2　①20-5.2,5.3
- ☐ 積み木で遊ぶ時間が十分にあるか　②18-5.1,7.1　①20-3.1,5.4
- ☐ 大型積み木があるか　②18-7.2　①20-7.1

check the guideline　この項目に関連する指針・要領です。

保指針　第2章 保育の内容
1 乳児保育に関わるねらい及び内容
(2) ねらい及び内容　ウ 身近なものと関わり感性が育つ
(ア) ねらい　②見る、触れる、探索するなど、身近な環境に自分から関わろうとする。

(イ) 内容　②生活や遊びの中で様々なものに触れ、音、形、色、手触りなどに気付き、感覚の働きを豊かにする
＊こ要領　第2章・第1・身近なものと関わり感性が育つ・1(2),2(2)に同じ

key point　この項目でいちばん大切にしたいポイントを、写真とともに紹介します。

積み木遊びは、「なめる」「触る」から始まる

なめて

積み木は、まずなめて確かめる。
②18-3.1

advice
子どもが扱いやすく、安全なものを

0・1歳児は主に感覚運動体験（なめる、触る、見る）として積み木を使用するため、安全に扱える大きさで、単純な形の物が少量あればよい。

積み木は、はっきりした色で扱いやすい形と大きさのものをそろえる。
②18-5.2

advice
子どもの積み木遊びにかかわる

保育者は「触ったり」「積んだり」「並べたり」する子どもの様子に注目し「柔らかいね」「1、2、ふたつ積んだね」「赤い色が好きかな」など、色や手触りなどに注目して具体的な言葉をかける。

advice
「なめる」「触る」の次に向かったら

0〜1歳で運動能力の発達に伴い、「投げる」ことを楽しむようなら、軽い発泡体の積み木などが適している。また、投げ入れたり、物でいっぱいにしたりして遊べるかごや箱を用意するなど、その時期に合う環境を整える。

触って

手指が発達してくると、積み木を手のひら全体でつかめるようになる。
②18-3.1

保指針　第2章 保育の内容
2　1歳以上3歳未満児の保育に関わるねらい及び内容
(2) ねらい及び内容
ウ 環境
(ア) ねらい　②様々なものに関わる中で、発見を楽しんだり、考えたりしようとする。
(イ) 内容　③身の回りの物に触れる中で、形、色、大きさ、量などの物の性質や仕組みに気づく。

オ 表現
(ア) ねらい　②感じたことや考えたことなどを自分なりに表現しようとする。
(イ) 内容　⑥生活や遊びの中で、興味のあることや経験したことなどを自分なりに表現する。
＊こ要領　第2章・第2・環境・1(2),2(3)、表現・1(2),2(6)に同じ

key point
この項目でいちばん大切にしたいポイントを、写真とともに紹介します。

積んだり、並べたりが楽しくなる

子どもの思いを聞いて

保育者が子どもと一緒に何を作るか相談。
②18-5.4

advice
自分の思いや概念に気づく言葉かけを

保育者は、子どもがどんなイメージをもっているのかを引き出すとともに、一緒に遊ぶ中で、高低、長短、形、段数、色などに注目した言葉をかけていく。

付属品も種類別に

2歳児クラス。「車」「電車」「動物」というように、付属品も種類別に整理している。
②18-3.2,5.2

発達に合わせていろいろな積み木を用意

高く積み上げる

積み木を指でつまみ、けっこうな高さで積めるようになる。　②18-3.1

積むだけでなく、並べる楽しさも！

段ボール製レンガ積み木。長辺で積むか、短辺で積むかで高さが変わるほか、長く並べたり、囲ったりすることで表現の幅も広がる。　②18 -3.1

大きい積み木でダイナミックに

大きな積み木を扱えるようになり、友達と一緒に積む。　②18-7.2

幼要領　第2章 ねらい及び内容

環境　1 ねらい　(3) 身近な事象を見たり、考えたり、扱ったりする中で、物の性質や数量、文字などに対する感覚を豊かにする。

2 内容　(8) 身近な物や遊具に関心をもって関わり、自分なりに比べたり、関連付けたりしながら考えたり、試したりして工夫して遊ぶ。

表現　1 ねらい　(2) 感じたことや考えたことを自分なりに表現して楽しむ。

2 内容　(1) 生活の中で様々な音，形，色，手触り，動きなどに気付いたり，感じたりするなどして楽しむ。

*保指針　第2章・3・(2)・ウ・(ア)③,(イ)⑧、オ表現・(ア)②,(イ)①、

こ要領　第2章・第3・環境・1(3),2(8)、表現・1(2),2(1)に同じ

\ key point　この項目でいちばん大切にしたいポイントを、写真とともに紹介します。

作りたいものが作れる環境を用意！

3人それぞれが遊ぶのに十分な広さ、十分な積み木と付属品がある。　①20-5.1

advice

十分な広さ、量を用意して

積み木の量・種類とも豊富で、整理され、人の行き来がない落ち着いたスペースがあることで、子どもはより集中して遊び込むことができる。
そして、さまざまな形、長さ、大きさの積み木や付属品があることで、多様な表現が生まれる。

作るのに参考となる写真（子どもの経験・建物など）を貼っておく。保育者が、「屋根はこんなふうになっているんだね」などと、写真と積み木を結び付けるように働きかけることも大切。

積み木専用のスペースがあると、継続して大きな構造物を作ることにチャレンジできる。

イメージが広がり、豊かな世界が共有されるようにかかわる

保育者の「何を作っているの？」「どの形が好き？」などの質問に答えることで、子どもは自分の表現を言語化して他者に伝えることを覚えていく。　①20-5.5

保育者は、積み木を数えたり、形に注目したり、大小を比べたりして数量や形について知らせている。　①20-7.3

advice

好きなものだから、いろいろなことに結び付けやすい

「自分が作っている物」というその子自身の興味の対象を介して質問や対話を行うことで、子どもは、自分の表現を言語化することを覚え、数量や色・形などの概念の理解とも結び付けやすくなる。

保育者が子どもの話を聞いて看板を作り、積み木遊びと文字を結び付けている。
①20-7.2

積み木と付属品をわかりやすく収納する

積み木や付属品はラベルの付いた開放棚に収納されている。　①20-5.2

ごっこ遊び

ごっこ遊びとは、子どもが、自分に見えている身の回りの世界（認識）を、遊具・教材を用いて自分の身体で表現するもの（行為）です。

シンプルな再現遊びから役割分担を行う複雑な協同的遊びまで、発達とともに変化していきます。

保育者は、遊びで表現されている子どもの思いを見てとり、具体的な言葉を添え、子どもの「ふり」や「つもり」が広がるには、次にどのような環境を準備すればよいかを考えましょう。

review point

「新・保育環境評価スケール②（0・1・2歳）項目19ごっこ遊び」、
「新・保育環境評価スケール①（3歳以上）項目21ごっこ遊び」で示されている評価項目から、
保育の「なんとなく」を見直すときに使えるポイントをまとめました。

☐ ごっこ遊びの遊具・教材の量・種類は十分にあるか　②19-3.1,5.1,5.2　①21-3.1,5.1

☐ 日常生活を再現して遊べるか　②19-3.2

☐ 保育者はごっこ遊びを見守っているか　②19-3.3　①21-3.2

☐ よく整理されたごっこ遊びのコーナー、家具があるか　②19-5.3　①21-5.2

☐ 保育者は、ごっこ遊びに肯定的・積極的にかかわっているか　②19-3.4,5.4　①21-3.3,5.3

☐ 保育者は、言葉を添えたり、子どもの知識や考えを広げたりしているか　②19-7.3　①21-7.2

☐ ごっこ遊びの遊具・教材に多様性があるか　②19-7.1
　　☐ 異なる人種、文化、年齢などを表した人形や食材などがあるか

☐ 戸外にもごっこ遊びの環境があるか　②19-7.2

保指針　第2章 保育の内容
1 乳児保育に関わるねらい及び内容
(2) ねらい及び内容　イ 身近な人と気持ちが通じ合う
（ア）ねらい　②体の動きや表情、発声等により、保育士等と気持ちを通わせようとする。

（イ）内容　②体の動きや表情、発声、喃語等を優しく受け止めてもらい、保育士等とのやり取りを楽しむ。
＊こ要領　第2章・第1・身近な人と気持ちが通じ合う・1(2), 2(2) に同じ

\key point
この項目でいちばん大切にしたいポイントを、写真とともに紹介します。

しぐさや顔まね……模倣遊びを楽しもう！

保育者が「いいおかお いいおかお にこ」と笑いかけると、子どもは喜び、同じように振る舞う。
②19-5.4

advice
保育者が表情豊かに表現する

ごっこ遊びは、信頼する大人とのやり取り、しぐさや表情の模倣から始まる。

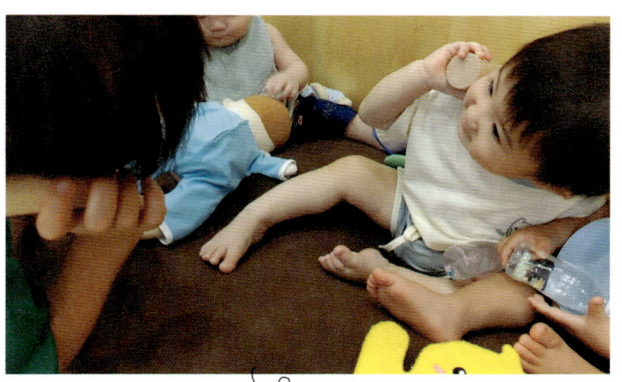

保育者と同じ積み木を持たせて「もしもし〜」と話しかけると、子どもも同じしぐさをする。
②19-7.3

子どもが自分で選び取れる位置に人形を置いておく。
②19-3.1,3.2,5.1

保育者は、決して否定的な（けなす、あざ笑う）言葉かけをしない。
②19-5.4

advice
人形やぬいぐるみも活用

人形やぬいぐるみなどを置いておき、保育者が人形と楽しく遊ぶモデルを見せたり、いろいろと言葉をかけたりする。

保育者が人形を抱き、楽しく遊んでみせるとまねて同じようにする子ども。保育者は子どもの姿に合わせて言葉をかけていく（「ピンクの服着てるね」「なでなでしてあげると喜んでるね」など）。
②19-3.4,5.4,7.3

活動内容　O ごっこ遊び

保指針　第2章 保育の内容
2　1歳以上3歳未満児の保育に関わるねらい及び内容
(2) ねらい及び内容
エ　言葉
（ア）ねらい　③絵本や物語等に親しむとともに、言葉のやり取りを通じて身近な人と気持ちを通わせる。
（イ）内容　⑤保育士等とごっこ遊びをする中で、言葉のやり取り

を楽しむ。
オ　表現
（ア）ねらい　③生活や遊びの様々な体験を通じて、イメージや感性が豊かになる。
（イ）内容　⑥生活や遊びの中で、興味のあることや経験したことなどを自分なりに表現する。
＊こ要領　第2章・第2・言葉・1(3)、2(5)、表現・1(3)、2(6)に同じ

key point　この項目でいちばん大切にしたいポイントを、写真とともに紹介します。

実体験をベースに、リアルに遊べるように

お世話遊び

自分がしてもらったことを人形のお世話（お風呂の中で洗う）で再現している。
②19-3.1,3.2

advice
没頭しているときは見守って

お世話遊びなど一人で没頭しているときは、保育者はまずその様子を共感しながら見守り、タイミングを見て言葉をかける。

ごっこの始まりを一緒に楽しむ

楽しいやり取りをサポート

＜2歳児たこ焼き屋さんごっこ＞
保育者は、「アツアツですよ」「2つください」など物の性質や数量の感覚につながるやり取りを意識。
②19-7.3

＜1歳児ままごと遊び＞保育者も一緒に歌ったり遊びに誘ったり。「イチゴをお皿に入れてね」など簡単な言葉かけからやり取りを楽しむ。　②19-5.3,5.4,7.3

advice
リアルな遊び道具をそろえて

おもちゃの鍋やフライパン、人形、ベビーカーなどがあると、より豊かで詳細な遊びが促される。

check the guideline
この項目に関連する指針・要領です。

幼要領　第2章 ねらい及び内容 **人間関係** 1 ねらい　(2)身近な人と親しみ、関わりを深め、工夫したり、協力したりして一緒に活動する楽しさを味わい、愛情や信頼感をもつ。 2 内容　(7)友達のよさに気づき、一緒に活動する楽しさを味わう。 　(8)友達と楽しく活動する中で、共通の目的を見いだし、工夫したり、協力したりなどする。	**表現** 1 ねらい　(3)生活の中でイメージを豊かにし、様々な表現を楽しむ。 2 内容　(8)自分のイメージを動きや言葉などで表現したり、演じて遊んだりするなどの楽しさを味わう。 ＊**保指針**　第2章・3・(2)・イ人間関係・(ア)②、(イ)⑦⑧、オ・(ア)③、(イ)⑧、 **こ要領**　第2章・第3・人間関係・1(2)、2(7)(8)、表現・1(3)、2(8)に同じ

\key point
この項目でいちばん大切にしたいポイントを、写真とともに紹介します。

少し複雑な、協同的なごっこ遊びの場を用意

キッチンのあるままごとスペースの隣にレストランごっこの場がある。　①21-5.1

レジスター付きワゴン。お金のやり取りも生まれる。

テーブルクロスに花を飾り、レストラン風。

ごっこ遊びに必要な物が、いつも同じ場所に、出し入れしやすいように整然と並べられている。

やり取りを生み出す設定

子ども同士のやり取りを円滑にする対面式の棚。　①21-3.1,5.1

advice
コミュニケーションの橋渡しを

ごっこにおける保育者の役割は、環境を整えることと、子ども同士のコミュニケーションの橋渡し。子どもがどうしたいか、それぞれの気持ちを代弁することで、友達の存在、一緒に遊ぶ楽しさに気づけるようにかかわっていく。

活動内容　●ごっこ遊び

役割分担や多様な学びをごっこ遊びの中で

＜５歳児 「スーパー銭湯andバイキング」ごっこ＞

数える、分類する要素も入れて

advice

役になりきるために

ごっこ遊びで子どもが役になりきるため、意欲を促す「それらしい」遊具や衣装を、子どもたちと一緒に考えていくことも大切。

＜バイキングコーナー＞
保育者もバイキングの列に並んでチョイス。「どんなお料理か」、「何がおすすめか」、など質問する。具材を並べるだけでなく、「３個ずつ皿に載せる」と**数える**、「お寿司のコーナー・スイーツのコーナー」と**分類する**場面をつくる。
①21-3.3,5.3,7.2

お客さんに対する振る舞いも考えて

＜マッサージコーナー＞
マッサージの「人数制限」「時間の設定」「待ち時間」「受付」などから、時間や数、役割分担とそれぞれの言い回し、必要なやり取りは何かを考える。
①21-5.2

advice

子ども同士で決めて、遊びを進めていけるように

５歳児は、友達と共通の目的をもち、協同することに喜びを感じるようになる。保育者は以下のように、子ども自身で考え行動できるよう意識してかかわることが大切。
● それぞれの役割やテーマを話し合いで決める
● 必要なものを自分たちで作る
● ルールを自分たちで決めて、守る

 # 自然・科学

世界は「不思議」にあふれています。天気も、植物も、動物も、砂、水も不思議でいっぱいです。日常生活の中で、「これはなんだろう」という好奇心、「なぜだろう」という探究心をもって自然にふれ、身近な動植物とかかわり、土や砂やいろいろな物体を触り確かめ、さまざまな「知」を獲得していきます。

「自然物」の範囲は広く、動植物という生物、光や風、天候などの現象、砂や金属などの無生物も含まれます。自然から離れた金属などの加工物、あるいは自然といえども手の届かない天体のことなど、探究を続けていけるワンダーランドはすぐそこにあります。

review point

「新・保育環境評価スケール②（0・1・2歳）項目20自然／科学」、
「新・保育環境評価スケール①（3歳以上）項目22自然／科学」で示されている評価項目から、保育の「なんとなく」を見直すときに使えるポイントをまとめました。

- ☐ 自然・科学の遊具や教材があるか　②20-3.1　①22-3.1
  （飼育動物や栽培植物、自然物、図鑑、観察用の虫眼鏡や磁石、砂・水遊び用おもちゃなど）
- ☐ 子どもは自然を体験したり、観察したりする機会があるか　②20-3.2,5.1,5.2
- ☐ 子どもが自然・科学を体験するときに、保育者の見守りがあるか　②20-3.3,7.4
- ☐ 保育者は、子どもの自然・科学に関する経験に対して気づかせ、話しているか
  ②20-5.3,7.3　①22-3.2,5.2,7.1
- ☐ 子どもは砂・水を使って遊べるか　②20-5.4　①22-3.3
- ☐ 自然・科学の道具や教材が、活動センター（コーナー）に組織的に置かれているか（2歳以上）
  ②20-7.1　①22-5.1
- ☐ 保育者がSDGsを意識し、環境に配慮しているか　①22-5.3
- ☐ 子どもは動植物の飼育や栽培をしており、子どもが話題にしているか　①22-7.2

check the guideline この項目に関連する指針・要領です。

保指針　第2章 保育の内容
1 乳児保育に関わるねらい及び内容
(2) ねらい及び内容　ウ 身近なものと関わり感性が育つ
(ア) ねらい　②見る、触れる、探索するなど、身近な環境に自分

から関わろうとする。
(イ) 内容　②生活や遊びの中で様々なものに触れ、音、形、色、手触りなどに気付き、感覚の働きを豊かにする。
＊こ要領　第2章・第1・身近なものと関わり感性が育つ・1(2),2(2)に同じ

key point この項目でいちばん大切にしたいポイントを、写真とともに紹介します。

保育者とともに、見て、触って、感じる体験を！

園庭のあちらこちらで自然体験

栽培しているメロンの葉っぱを見て、触ろうとする子ども。保育者は、葉の色や手触りについて話をする。　②20-7.3

advice
直接ふれて感じる体験を

保育者は、子どもをその場に連れていき、「植物にふれる」「花の匂いを嗅ぐ」「雨の音を聴く」など、五感を使って自然とかかわれるようにしていく。

感じたことを言葉に

子どもと一緒に窓から雨が降る様子を眺め、「ポツポツ」「ザーザー」などの雨音や、雨粒やぬれた地面など目に見えるものを言葉にしていく。　②20-5.3,7.2

園庭に咲いている花の所に連れて行き、匂いを嗅いだり、「きれいだね」「ピンク色だよ」と話したりする。
②20-5.3,7.2

そばでしっかり見守る

advice
危険を防止できる位置で見守る

子どもが砂や水にふれるとき、保育者はそばについて見守り、口に入れそうなら止める、など安全に留意する。

保育者と一緒に砂遊び。　②20-7.4

保指針　第2章 保育の内容
2　1歳以上3歳未満児の保育に関わるねらい及び内容
(2) ねらい及び内容　ウ 環境
(ア) ねらい　②様々なものに関わる中で、発見を楽しんだり、考えたりしようとする。

(イ) 内容　①安全で活動しやすい環境での探索活動等を通して、見る、聞く、触れる、嗅ぐ、味わうなどの感覚の働きを豊かにする。
＊こ要領　第2章・第2・環境・1(2),2(1)に同じ

key point
この項目でいちばん大切にしたいポイントを、写真とともに紹介します。

身近な自然への興味をサポート！

虫への興味

園庭のビオトープで子どもと一緒に虫を見る。
②20-5.1,7.3

Point
保育者自身が興味をもって

子どもは、身近な動植物を見たり触ったり、さまざまな事象に出会ったりして不思議を感じ、好奇心・探究心をもつようになる。保育者自身が、身の回りの虫や小動物、草木や花、現象に興味をもち、子どもが出会えるようにする。

ダンゴムシの絵本を読んでもらいながら、ダンゴムシのいる飼育ボックスをのぞきこむ。
②20-7.2,7.3

絵本と本物がつながって

保育者は、飼育箱を手入れするところを子どもに見せる。　②20-7.2,7.3

活動内容　P 自然・科学

いろいろな「不思議」との出会い

シャボン玉

風向きを考えてシャボン玉の輪の向きを調整しながら変えている。②20-5.3,7.3

光と影

窓ガラスに貼ったカラーセロファンが床に写った像と、自分の黒い影を重ねたりずらしたりしている。　②20-7.2,7.3

check the guideline　この項目に関連する指針・要領です。

幼要領　第2章 ねらい及び内容　環境

1 ねらい
(2) 身近な環境に自分から関わり、発見を楽しんだり、考えたりし、それを生活に取り入れようとする。
(3) 身近な事象を見たり、考えたり、扱ったりする中で、物の性質や数量、文字などに対する感覚を豊かにする。

2 内容
(2) 生活の中で、様々な物に触れ、その性質や仕組みに興味や関心をもつ。
(4) 自然などの身近な事象に関心をもち、取り入れて遊ぶ。
(8) 身近な物や遊具に興味をもって関わり、自分なりに比べたり、関連付けたりしながら考えたり、試したりして工夫して遊ぶ。
＊保指針　第2章・3・(2)・ウ環境・(ア)②③,(イ)②④⑧、
こ要領　第2章・第3・環境・1(2)(3),2(2)(4)(8)に同じ

\ key point　この項目でいちばん大切にしたいポイントを、写真とともに紹介します。/

気づきから探究へのシフトを後押し！

自然科学のコーナーをつくり、さまざまな小動物を飼育。観察しながら、保育者や子ども同士、互いの気づきや疑問を交わしている。　①22-5.2

advice

一緒に探究する姿勢

子どもの気づきを探究心へとつなげていくためには保育者が一緒に図鑑や資料を見たり、話したりといったかかわりが必要。

園庭の木には名札を付けている。
①22-3.1

お月見行事をきっかけに、保育者は子どもに月に満ち欠けがあることを知らせ、月の年間満ち欠け表をクラスに掲示し、一緒に見る。
①22-5.2

\key point

この項目でいちばん大切にしたいポイントを、写真とともに紹介します。

さらなる探究！ 試してみる！ やってみる！

浮き沈み実験！

身近にある野菜やおもちゃなど、いろいろな物を水槽に入れて浮き沈みを試している。　①22-3.1

タマネギで染色

タマネギの皮で染物をする。鍋に計量カップで水を測って入れている。
①22-3.1

自然・科学の道具や教材は、わかりやすく整理

小枝やどんぐりなどの自然物を分類して保存。子どもが自分で仕分けしやすく、また使いたい物を選び取りやすくなっている。　①22-3.1

---

advice

安全に楽しむために

自然科学の教材の安全性、そしてその取り扱いには十分に注意する。子どものアレルギーにも注意する。保育者は安全性についての知識をもち、危険性のあるものやことは避ける。活動前後には、子ども・保育者ともに手洗いを徹底する。

活動内容　P 自然・科学

 # 数・量・形など
1 遊びの中の算数

「多い・少ない」という数量の感覚は、生後数か月の赤ちゃんにもあることが、心理学の研究から知られています。

小さな子どもでも、皿の上のおやつの「量」を直観的に判断し、多い方の皿を取ります。「モイッコ、モイッコ（もう一個）」と訴えます。

発達にふさわしい算数の遊具・教材があることで、子どもは数や量、形を操作することを経験し、算数につながる概念を獲得していきます。

保育者は、「算数的な学びにつながる経験」を意識し、ねらいをもって、子どもと一緒に数えたり、比べたり、考えたりする活動をつくっていくことが大切です。

review point

「新・保育環境評価スケール② （０・１・２歳）項目21 数・量・形など」、
「新・保育環境評価スケール① （３歳以上）項目23遊びのなかの算数」で示されている評価項目から、
保育の「なんとなく」を見直すときに使えるポイントをまとめました。

- ☐ 発達にふさわしい、算数に関する遊具や教材があるか　②21-3.1,5.1　①23-3.1,5.1
- ☐ 子どもに形の名前や大きさなどを言ったり、形、量、大きさを比べたりしているか
  　　②21-3.2,5.2,5.3,7.27.3
  - ☐ 保育者は、数について言うときに指で示しているか
- ☐ 遊びの中で、数・量・形について子どもに話したり、質問したりしているか
  　　②21-5.2,7.3　①23-3.2,5.2,5.3
- ☐ 子どもと一緒に数を数えているか　②21-3.3,5.3,7.27.3
  - ☐ 数えるときは指で差し、人数を数えるときは頭などに手を置くなど１対１対応をしているか
- ☐ 子どもは算数の活動（集まりのときに人数を数える、カレンダーを見る、皆でチャートを作るなど）に興味をもって参加しているか　①23-3.3
- ☐ 子どもと一緒に算数の遊具や教材で遊んでいるか　①23-5.2,5.4
- ☐ 子どもの興味と算数を結び付けているか　①23-7.1,7.3
- ☐ 「どうしたら天秤が右に傾くと思う？」など、物事の原因と結果を考えるような質問を子どもにしているか　①23-7.2

check the guideline
この項目に関連する指針・要領です。

保指針　第2章 保育の内容
1 乳児保育に関わるねらい及び内容
(2) ねらい及び内容　ウ 身近なものと関わり感性が育つ
（ア）ねらい　②見る、触れる、探索するなど、身近な環境に自分から関わろうとする。

（イ）内容　②生活や遊びの中で様々なものに触れ、音、形、色、手触りなどに気付き、感覚の働きを豊かにする。
③保育士等と一緒に様々な色彩や形のものや絵本などを見る。
＊こ要領　第2章・第1・身近なものと関わり感性が育つ・1(2),2(2)(3)に同じ

\key point
この項目でいちばん大切にしたいポイントを、写真とともに紹介します。

遊びながら違いに気づくおもちゃを用意！

木のおもちゃ

大きさ、色の違う球がはめられているおもちゃ。

重ねコップ

大きさの違う重ねコップ。

大きさ、形、色の違いがあり、子どもの多様な興味を引き出すようなおもちゃをたくさん用意。　②21-3.15.1

ガラガラ

いろいろな色のパーツがつながれたガラガラ。

積み木

つかめるサイズ以外にも、少し大きめの積み木も用意。

advice
色・形・数について話しかける

0歳でも、数・量・形についての学びの芽はある。教え込むのではなく、子どもの遊びをよく見て、保育者も色や形に注目した言葉かけをしてみる。

色や形、大きさの比較がしやすいものをそろえる。
②21-3.1,5.1

保育者は色や形に注目し、「赤い台にのせようね」など話しながらやってみせている。
②21-3.2,5.2

保指針　第2章 保育の内容
2　1歳以上3歳未満児の保育に関わるねらい及び内容
(2) ねらい及び内容　ウ 環境
(ア) ねらい　①身近な環境に親しみ、触れ合う中で、様々なもの
　に興味や関心をもつ。

(イ) 内容　③身の回りの物に触れる中で、形、色、大きさ、量な
どの物の性質や仕組みに気付く。
*こ要領　第2章・第2・環境・1(1),2(3)に同じ

\key point
この項目でいちばん大切にしたいポイントを、写真とともに紹介します。

遊びの中で数・量・形を発見、その瞬間を捉える！

箱積み木

段ボール積み木を縦横に積んで遊んでいる。保育者は、「つなげると長くなるね」など、高さや個数、子どもの動作に注目して言葉をかける。
②21-3.25.3

advice
正しさを求めない

「数が言える」からといって「数」を理解しているとは限らない。「1、2、3」と唱えるだけで、実際の数と一致していないこともある。この年齢では、数や量、形の発見をひたすら楽しむことが大切。そうした子どもなりの「算数的な表現」を見つけることは、保育のおもしろさの一つ。存分に楽しもう。

いろいろな形と色の大きなビーズでひも通しをする。何度も繰り返すうちに、色と形の組み合わせを変えるようになる。半球と半球を合わせると球になることも発見する。保育者は「黄色が1個、2個…」と数えてみたり、形に注目してその名前を言ったりする。②21-3.2,5.3

お店屋さんごっこ

保育者は「1、2、3、…」と数を数えてみたり、「2個ちょうだい」と指で示しながら伝えたり、数に興味をもてるような言葉かけをする。
②21-3.3 5.3,7.3

check the guideline この項目に関連する指針・要領です。

幼要領 第2章 ねらい及び内容　環境

1 ねらい （3）身近な事象を見たり、考えたり、扱ったりする中で、物の性質や数量、文字などに対する感覚を豊かにする。

2 内容 （8）身近な物や遊具に興味をもって関わり、自分なりに比べたり、関連付けたりしながら考えたり、試したりして工夫して遊ぶ。

（9）日常生活の中で数量や図形などに関心をもつ。

＊**保指針** 第2章・3・(2)・ウ環境・(ア)③,(イ)⑧⑨、
こ要領 第2章・第3・環境・1(3),2(8)(9)に同じ

key point この項目でいちばん大切にしたいポイントを、写真とともに紹介します。

数えたり比べたりできるような教材を用意

数を数える遊び

ペットボトルのふたを利用した手作り「数の階段遊び」。保育者も一緒になって、指を使いながら数えている。①23-3.2,5.4

形に親しむ遊び

色板遊び。組み合わせて遊ぶ中で「こことここが同じ長さになるから…」「この形は…」など言葉にしていく。①23-3.2,5.4

数を比較する遊び

トランプで七並べ。数の連続性や大きさが視覚的にわかる遊び。
①23-3.1,5.1

advice

算数的な思考の道筋を示す

たとえばパズル遊びで、なぜその形を選んだのかを聞いたり、保育者の気づきを話したりして、算数的な物の見方に子どもがふれられるようにするのも、保育者のかかわり方の一つ。

自分たちで数えられるような仕掛けも

保育者が用意した、数の表（マスの中に数字を書いたもの）を使って、どんぐりの個数を数えている。
①23-3.1,5.1

活動内容 **Q** 数・量・形など

数えたり比べたりしたことを、視覚的に表現できないか？

芋ほりの経験を数量に

天秤ばかりは、はかる遊びの代表的な教材。収穫したサツマイモの重さをはかり、比べている。保育者は、はかりの数字を指さしながら、数字とサツマイモの重さの関係を伝えている。　①23-7.1,7.3

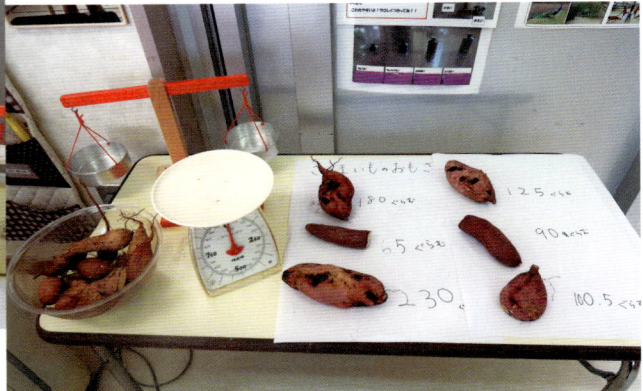

数量を視覚化するおもしろさ

保育者は、子どもが朝食で何を食べたかがわかるチャートを作り、それぞれ何人いるか指で示しながら子どもと一緒に数えている。
①23-7.1

advice

数・量・形は、保育者の主導が大事

保育者は、子どもの興味や経験を、数量と絡めた活動にできないか考えてみる。ものごとの順番を表したり、分類してみたり。保育者が主導しながら、子どもが楽しく数を経験できるようにする。

数・量の経験が豊富なクッキングに注目

クッキングでスイートポテトを作る手順をカードで確認している。　①23-7.3

クッキングの手順が、1、2、3…と番号で示してある。

数・量・形など
2 日常生活の中の算数

日常生活の中には、数を数える、順番を言う・順番に使う・順番を付ける、平等に物を分ける、必要な量を取る、得点を競う、時計を読むなど、数や量を伴う行為がたくさん存在します。

分類して使いやすくしたり、数量を比較して考えたり、順序を考えたりと、よりよく生活するために算数の考え方を使う場面もたくさんあります。

「どうすれば物事がうまく進むか？」「けんかにならずにもめ事を解決するにはどうすればよいか？」を考えるときに（問題解決）、保育者は算数の考え方を使って子どもに説明したり、ともに考えたりすることが大切です。

review point

「新・保育環境評価スケール①（3歳以上）項目24日常生活のなかの算数」で示されている評価項目から、保育の「なんとなく」を見直すときに使えるポイントをまとめました。

- ☐ 決まった日課の中で、算数にかかわる言葉（○番目に、○枚ずつ、あと○人など）を使っているか　①24-3.1,3.3,5.1
- ☐ 直接算数とつながらない場面でも、算数にかかわる言葉を使ったり、考え方ややり方を示したりしているか　①24-3.2,5.2,7.2
- ☐ 日々の生活の中で、数字や形にふれる環境があるか　①24-7.1
- ☐ （4歳以上）少し複雑な算数を使う経験があるか　①24-7.3

幼要領　第2章 ねらい及び内容　環境
1　ねらい　(3) 身近な事象を見たり、考えたり、扱ったりする中で、物の性質や数量、文字などに対する感覚を豊かにする。
2　内容　(8) 身近な物や遊具に興味をもって関わり、自分なりに比べたり、関連付けたりしながら考えたり、試したりして工夫

して遊ぶ。
(9) 日常生活の中で数量や図形などに関心をもつ。
＊保指針　第2章・3・(2)・ウ環境・(ア)③,(イ)⑧⑨、
　こ要領　第2章・第3・環境・1(3),2(8)(9)に同じ

key point この項目でいちばん大切にしたいポイントを、写真とともに紹介します。

日常生活に数や量を結び付ける

毎日のクラスの集まりのときに、カレンダーを使って、運動会までの日数を子どもたちと数えてきた。「いよいよ、あと1日だね」と、「数が小さくなってきた」＝「近づいてきた」ことを共有。　①24-7.1

あと○日！

advice
数字は大きく

子どもが出会う数字は、大きく、くっきり、はっきりしていることが大切。数字の形の違いを明確に認識するためである。

あと○分！

「時計の長い針が9になったら集まろう」。生活の中に時計を取り入れることで、子どもは時計の数字、時間に興味をもつ。この時計では、色と形にも興味が生まれる。　①24-7.1

advice
「あと○日」「あと○分」

生活に見通しをもって行動するために、カレンダーや時計は役に立つ。時の流れと数の関係をすぐには理解できないかもしれないが、経験を重ねることが重要である。ただし「あと10数えるうちに片付けないとダメ」など、脅しに数を使うのは厳禁！

生活をよりよくするのに役立つ「数」の概念を伝えていく

10までの数に親しむ

保育者は次の活動について伝える際、「一つ目は〜、二つ目に〜」と、指で示しながら説明する。 ①24-3.1

advice

まずは片手で数えられる数までを意識

指の数を超える数は、幼児には理解が難しい。指を使って表せる順番や個数を保育者はまず考えてみる。

話し合いに「数」を用いる

自分たちの遊び場をほかの子にじゃましてほしくないと主張する子どもたちに、「あと何人参加することができるのか」と、数の概念を取り入れて話している。 ①24-7.2

お買い物ごっこの中で、「2つずつだよ」というルールを、指と言葉で示している。 ①24-5.2

遊びのルールに「数」を用いる

勝敗を決める「数」もある

advice

次第に複雑な算数的思考も

遊びや生活の中に数を取り入れていると、4歳以上では、「あと10個作りたいから、2人で5個ずつ作ろう」「リレーのチームに3人足りない」など、少し複雑なことも考えられるようになってくる。

玉入れで、入った玉の数を数える。2桁の数の理解はできていなくても、みんなで「にじゅういち、にじゅうに、…」と声を出して数える経験を。「多い方が勝ち」ということもよくわかる。 ①24-3.2

活動内容 Q 数・量・形など

数・量・形など
3 数字の経験

エレベーターのボタンなど、いろいろなところで子どもは数字に出会っています。「自分の家は5階」ということをまず理解し、「5」という数字と「自分の家がある階」を結び付けて認識します。「数字は意味のある記号」と子どもが理解する環境が必要です。

記号とそれが表す意味を理解し納得できるような、保育者のかかわり、遊具や教材、道具、機会が大切です。

数字があるだけでは子どもはその意味を理解できません。

日々の遊びや日常生活の中に存在する数字と概念（＝何を表しているか）と子どもの経験を丁寧に結び付けることで、子どもは数字を便利な物と認識したり、遊びを広げていく手段にしたりしていくことができます。

review point

「新・保育環境評価スケール①（3歳以上）項目25数字の経験」で示されている評価項目から、保育の「なんとなく」を見直すときに使えるポイントをまとめました。

- [ ] 展示物の数字に絵が付いており、意味がわかるようになっているか　①25-3.1
- [ ] 数字のついた遊具や教材が使えるか　①25-3.2,5.1,5.2,7.1,7.2
- [ ] 保育者が数字について話しているか　①25-3.3,3.4,5.3,7.3
    - [ ] 数字の意味（例えば個数、時間、定員）について話しているか
- [ ] 書かれた数字を指の本数で示しているか　①25-7.4

幼要領 第2章 ねらい及び内容　環境
1 ねらい　(3)身近な事象を見たり、考えたり、扱ったりする中で、物の性質や数量、文字などに対する感覚を豊かにする。

2 内容　(9)日常生活の中で数量や図形などに関心をもつ。
＊保指針　第2章・3・(2)・ウ環境・(ア)③,(イ)⑨、
こ要領　第2章・第3・環境・1(3),2(9)に同じ

\key point
この項目でいちばん大切にしたいポイントを、写真とともに紹介します。

環境に数字を取り入れて、数字に出会う場面をつくろう！

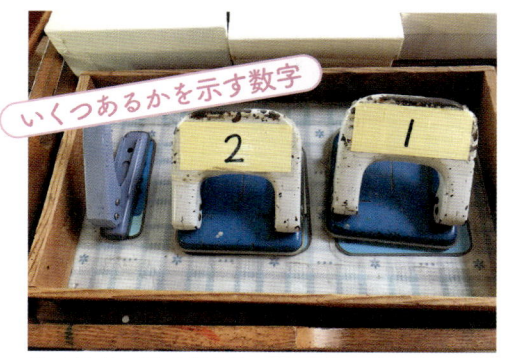

いくつあるかを示す数字

2つ穴パンチは2個あり、番号が付いている。
①25-3.2

定員を示す数字

コーナーの定員が絵と数字で示してある。
①25-3.1

advice
「隙あらば」入れてみる

環境の中にあるものを分類し、子どもにわかるように数字を使ってセットする。数字を使って子どもに説明してみる。そして子どもの反応を見る。そんなふうに、数字のある環境を整えていこう。

戻す場所を示す数字

（園庭にて）草花を使っての色水遊びができるセットが、数字を付けて収納されている。　①25-3.2

ルールを示す数字

素材を一度に使える個数が示されている。　①25-3.2

確認するための数字

（園庭にて）砂場のままごと遊びの道具が、色と個数をそろえ、整理されている。対応しやすいように写真が付いている。
①25-3.2

活動内容　**Q** 数・量・形など

103

数字がもつ意味を感じられるような工夫を

電卓を利用した手作りレジスター。　①25-3.2

支払う金額を表す

温める時間を表す

advice

遊びを広げる「数字」

数字は「ごっこ遊び」の中によく現れてくる（例；調理時間、お金）。数字を遊びに入れることで、遊びがよりリアルに広がることがある。

「3分温めるね」などと、保育者は電子レンジの数字の意味を話している。　①25-5.3

どっちが勝っているかわかる

サッカーなどの競技で得点表を使う。　①25-7.3

氷ができるかどうかわかる

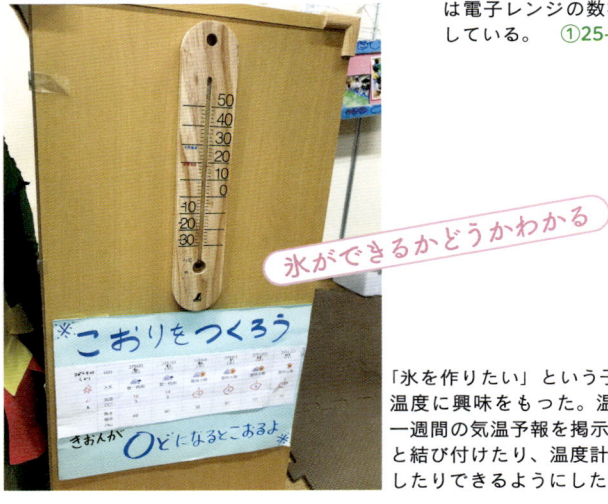

「氷を作りたい」という子どもたちが、温度に興味をもった。温度計の下に、一週間の気温予報を掲示。数字を体感と結び付けたり、温度計の変化に注目したりできるようにした。　①25-7.3

「おもしろさ」がわかる

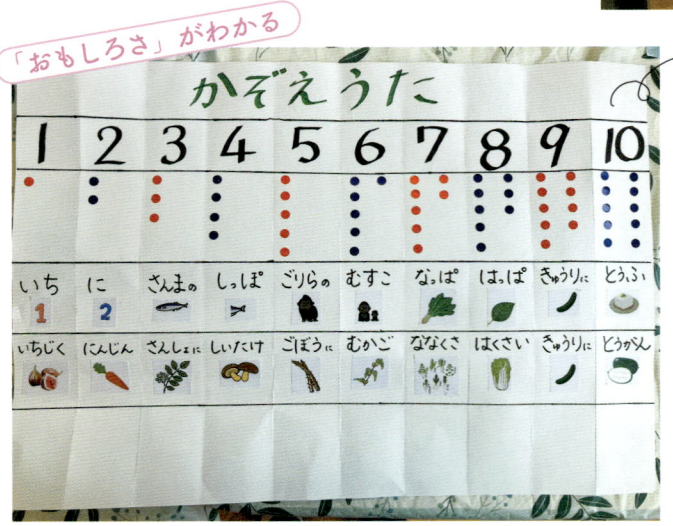

数え歌を図で示し、言葉遊びの楽しさと数字を結び付けている。　①25-3.1

advice

「理解」より「経験」が先

「数字や算数は小学校からでは？」という人がいるが、乳幼児の身の回りにも数字はあふれている。数字の意味を本当に理解するのは、幼児期は発達的に難しい。だが、理解してから数字を使うのではない。数字を使う機会を重ねることで、少しずつ理解に近づいていくのである。

 # 多様性の受容

多様性とは、人種、文化、年齢、能力、性別などに関して、それぞれの人々のグループに見られる違いのことを指します。

多様性の受容とは、たとえば異なる文化の事物を、単にめずらしいものとして楽しむことではありません。文化の多様性を認め、どのような文化をもつ人であっても、人として尊重し、分け隔てなく接することです。

子どもは、自分とは違う食や服装の文化があること、自分とは外見の異なる人がいること、いろいろな言葉があることなどを、遊具や教材を通して知ります。そして、クラスのどの子どもに対してもその子らしさを認めて、どの子にも分け隔てなく接する保育者の姿を通して、多様性の受容を学びます。

review point

「新・保育環境評価スケール② （0・1・2歳） 項目23多様性の受容」、
「新・保育環境評価スケール① （3歳以上） 項目26多様性の受容」で示されている評価項目から、
保育の「なんとなく」を見直すときに使えるポイントをまとめました。

- ☐ 人種や文化の多様性を示す遊具や教材があるか　②23-3.1,3.3,5.1,5.2　①26-3.1,5.1,5.3
- ☐ 遊具/教材は、多様性を肯定的に示しているか　②23-3.2　①26-3.2,5.2
- ☐ 保育者自身が、偏見を示していないか　②23-1.3　①26-1.3
- ☐ 保育者は、偏見をなくすような、多様であることのよさを肯定するようにしているか　②23-3.4　①26-7.2
- ☐ 保育者がジェンダーを固定的に捉えていないか　①26-3.3
- ☐ 保育者が子どもの「その子らしさ」を大切にしているか　②23-7.1
- ☐ 保育者が活動の中で多様性の尊重を推進しているか　②23-7.2　①26-7.1
  - ☐ いろいろな言語で歌を歌ったり、あいさつをしたり、絵本を読んだりしているか

check the guideline この項目に関連する指針・要領です。

幼要領　前文

　教育は、教育基本法第1条に定めるとおり、人格の完成を目指し、平和で民主的な国家及び社会の形成者として必要な資質を備えた心身ともに健康な国民の育成を期すという目的のもと、同法第2条に掲げる次の目標を達成するよう行われなければならない。

2　個人の価値を尊重して、（後略）。

3　正義と責任、男女の平等、自他の敬愛と協力を重んずるとともに、（後略）。

5　（前略）他国を尊重し、国際社会の平和と発展に寄与する態度を養うこと。

　　また、幼児期の教育については、同法第11条に掲げるとおり、生涯にわたる人格形成の基礎を培う重要なものであることにかんがみ、（中略）。

　　これからの幼稚園には、（中略）あらゆる他者を価値のある存在として尊重し、多様な人々と協働しながら様々な社会的変化を乗り越え、（中略）基礎を培うことが求められる。

保指針　第1章 総則

1　保育所保育に関する基本原則　(2) 保育の目標

ア（ウ）人との関わりの中で、人に対する愛情と信頼感、そして人権を大切にする心を育てる（後略）。

第2章 保育の内容　4 保育の実施に関して留意すべき事項

(1) 保育全般に関する配慮事項

オ　子どもの国籍や文化の違いを認め、互いに尊重する心を育てるようにすること。

カ　子どもの性差や個人差にも留意しつつ、性別などによる固定的な意識を植え付けることがないようにすること。

＊こ要領　第2章・第4・2(5)(6)に同じ

\key point この項目でいちばん大切にしたいポイントを、写真とともに紹介します。

「違いがあること」になじんでいける遊び環境にする

ままごとコーナーに肌の色の異なる人形がある。
②23-3.1,3.2　①26-3.1,3.2

肌の色、職業、性別の多様性を表すパペット。多様性を肯定的に表している。
②23-3.1,3.2　①26-3.1,3.2

advice

保育者の姿勢が大事

保育者自身がほかの人に対してどのように接しているかを子どもはよく見ている。どの子どもに対してもその子らしさを認め、肯定的に接することが大切である。

\key point

この項目でいちばん大切にしたいポイントを、写真とともに紹介します。

「違い」に興味をもち、「違い」を楽しむ

いろいろな文化の絵、外国のおもちゃ、世界地図などをそろえたコーナーがある。複数の文化にふれられるようにすることが大事。
②23-3.1,3.2　①26-3.1,3.2

世界地図や世界への興味を広げる絵本をセレクトして置いた。

ままごとコーナー

異なる肌の色の人形や、異なる文化の食べ物を用意している。名前を付け、お世話やままごとが展開されている。　②23-3.4　①26-3.4

advice

難しく考えずOK

保育者自身がいろいろな文化や人々の多様性について興味をもち、遊具や教材として何が取り入れられるかを考えてみる。

違いを受け止めながら、同じところにも気づく経験を

お世話コーナー

国や文化はいろいろだが、親が子どもを愛する気持ちは共通している……と感じられる掲示。
①26-7.2

 # ICTの活用

スケールのこの項目の原題は、「ICT」（Information and Communication Technology）ではなく、「テクノロジーの適切な使用」（Appropriate use of Technology）です。「保育の中のテレビ・ビデオの視聴やコンピュータの使用をどうするか」という観点で、昨今のICTを子どもが使いこなす「進んだ」世界とは少し違います。

０〜２歳については、直接体験を重視し、使用を制限する立場をスケールはとっています。

スマホ・ネイティブ（生まれたときからスマホに接してきた）の子どもたちは、大人顔負けにアプリを使いこなすかもしれません。アプリは便利で、色々なことにかかる時間を短縮してくれます。だからといって、子どもから「不便だけれども時間をかける」「もどかしいがじっくり待つ」経験を奪ってはならないでしょう。

その一方で、ICT機器は少し先の未来と出逢わせてくれるかもしれないツールです。単純に使用の是非を決めず、新たな教材として子どもの学びの助けとなる使い方を、保育者も好奇心をもって研究したいものです。

review point

「新・保育環境評価スケール②（０・１・２歳）項目22 ICTの活用」、
「新・保育環境評価スケール①（３歳以上）項目27 ICTの活用」で示されている評価項目から、
保育の「なんとなく」を見直すときに使えるポイントをまとめました。

- [ ] ICTの遊具や教材の内容が、子どもにふさわしいか　②22-3.1,5.1　①27-3.1,5.1
  - [ ] 子どもの発達段階に応じてた内容で、偏見をもたらしたり暴力的なものではない
- [ ] ICT以外の活動も用意されているか　②22-3.2,5.2　①27-3.3,5.3
  - [ ] テレビ・ビデオ等の視聴、タブレットの使用について強制されることがないようにしているか
- [ ] ICTに接する時間が、活動内容に応じているか　②22-3.3　①27-3.2,5.2
  - [ ] 長時間画面を見るだけの受身的な活動になっていないか
- [ ] ICTを使う活動に保育者が参加しているか　②22-5.3　①27-5.4
- [ ] ICTの遊具や教材が、子どもの生き生きとした活動につながっているか　②22-7.1,7.2　①27-7.1,7.2

参考；文部科学省「幼児教育施設の機能を生かした幼児の学び強化事業」「遊びを深めるICT実践事例集（令和５年度）」

幼要領 第1章 総則
第4 指導計画の作成と幼児理解に基づいた評価
3 指導計画の作成上の留意事項
(6)幼児期は直接的な体験が重要であることを踏まえ、視聴覚教材やコンピュータなど情報機器を活用する際には、幼稚園生活では得難い体験を補完するなど、幼児の体験との関連を考慮すること。
＊**こ要領** 第1章・第2・2・(3)キに同じ

\ key point
この項目でいちばん大切にしたいポイントを、写真とともに紹介します。

「気軽に」「楽しく」ICTで遊ぼう

飼育しているカメの甲羅をタブレットで撮影し、スクリーンに投影して拡大。小さくて見えないところを拡大して見ると、新しい発見がある。　①27-5.1,7.2

模様についての探究活動で活用

advice
気軽さが興味を広げることも

見たり聞いたりしたこと（経験）を、ICTは気軽に共有できる。ほかの人に伝えたりすることで、子どもは自分自身の興味を広げたり、経験を深めたりすることができる。

ヒマワリの栽培活動で活用

デジタル顕微鏡を使ってタブレットで観察。

生長の様子を継続的に撮影。

生長の記録写真、デジタル顕微鏡での観察をもとに、自分たちの発見を、アナログな壁新聞でほかの人に伝えようとしている。最初から最後までICTを用いなくてもよい。　①27-7.2

活動内容 S-ICTの活用

「日本の保育」ってなんだ？

「保育環境評価スケールは外国のもので日本の保育に合わない」とよく言われます。「日本の保育って何？」と思い、比べようと欧米、アジアの国の就学前施設を見て回りました。ほんの限られた経験ですが「保育で大切にしていることは違わない」という結論を得ました。

「海外では保育室も広いし、先生の数も多いし」と言う人がいますが、普通の海外視察では広い所しか見せてもらえません。日本の0〜2歳児の3対1、6対1は恵まれている方だと思うことも多いです。人数とか広さとかはさまざまで、それは海外だろうが日本だろうが同じです。

で、あえて、「日本の保育ってなんだろう？」と考えたとき、「アジアの子どもってわりと集団が好きなのかな」という自分の印象があります。印象を裏付けるだけの学問的な根拠はないのですが。その延長で見てみると、日本の保育者は「子どもを集団で見る傾向にあるのかな」という感じです。

日本の園に行くと、小さい子どもでも「束で」扱われたりします。数名まとめてトイレに連れて行くとか。そんなことしてないところもありますが、全体としてはどうでしょうか？ 幼児になり、クラスサイズが大きくなると、集団で動かして、一部の子どもに注目して「〜してる姿がありました」と言って、ほかの子どもの様子をカットしてしまうような先生も、全体でどのくらいの割合なのかはわかりませんが、います。「姿」という用語、そんな使われ方でいいのか？とも思う。

「一人ひとりを大切に」って、具体的にはどういう「（物的）環境」であり、保育者の「行為」や「発話」なのか。行動レベルで保育を詰めていかないと、やってることの意味は見えてこないんです。何事であれ、ほとんどの保育者はよかれと思ってやっているんですから。

それに、「日本の保育とは何か」なんて、現場にとっては、「そんなのカンケイなーい」。大事なのは、「自分のクラスで、目の前の子どもたちとどうしよう」ってことです。そのとき、スケールの指標は、「これってどういうこと？」「どうすれば？」と考える手がかりになるんですよ。具体的に詰めて実践すれば、「日本の保育」の「姿」が自ずと現れるんじゃないかと思います、逆に。

5章

子どもとの かかわりを ひとつひとつ 見直し！

個への働きかけ

子どもとのやり取り

子ども同士のやり取り

望ましい態度・習慣の育成

個への働きかけ

この項目のポイントは、安全や衛生を確保するための見守りをした上で、さらに遊びの中にある子どもの学びをどのように見守り、ときに促しているか、という点です。

子どもの遊びがより充実し、学びにつながるためには、遊びの環境を整え、一人ひとりの遊びの様子を見守り、ときに適切な働きかけが必要です。

この項目では、保育者がどのように遊びを見守り、どのような個別の声かけや提案、やり取りをするかということに焦点を当てます。

review point

「新・保育環境評価スケール②（0・1・2歳）項目26見守り（粗大運動遊び以外）」、
「新・保育環境評価スケール①（3歳以上）項目29個別的な指導と学び」で示されている評価項目から、
保育の「なんとなく」を見直すときに使えるポイントをまとめました。

☐ 子どもが安全に衛生的に遊べるように見守っているか　②26-3.1,5.1,7.1,7.4

☐ 問題が起きないように工夫したり、問題発生時に適切な対応をしているか　②26-3.2,5.2,7.1

☐ 自由遊びのときに、学びに注目した子どもと保育者のやり取りがあるか　②26-3.3,5.3

☐ オープンエンドの活動があるか　①29-3.2,3.4,5.1
（オープンエンドとは、決められたやり方ではなく、子どもが自分のやり方で行うことを指す）

☐ 子どもの遊びや学びを豊かにするための働きかけがあるか　②26-5.4,7.3　①29-5.2
　☐ ときには、遊びに誘ったり、遊びを提案したりといった保育者からのかかわりがあるか。

☐ 見守りや指導は一人ひとりの子どもに応じているか（子どものアイデアを広げる、なぜそうしたのかを尋ねる、遊び込めていない子に向き合うなど）　②26-7.2　①29-3.1,3.3,5.2,7.1,7.2

check the guideline この項目に関連する指針・要領です。

保指針　第2章 保育の内容
1 乳児保育に関わるねらい及び内容
(2) ねらい及び内容　イ 身近な人と気持ちが通じ合う
(ウ)内容の取扱い　①保育士等との信頼関係に支えられて生活を確立していくことが人と関わる基盤となることを考慮して、子どもの多様な感情を受け止め、温かく受容的・応答的に関わり、一人一人に応じた適切な援助を行うようにすること。

2 1歳以上3歳未満児の保育に関わるねらい及び内容
(2) ねらい及び内容　イ 人間関係
(ウ) 内容の取扱い　①保育士等との信頼関係に支えられて生活を確立するとともに、自分で何かをしようとする気持ちが旺盛になる時期であることに鑑み、そのような子どもの気持ちを尊重し、温かく見守るとともに、愛情豊かに、応答的に関わり、適切な援助を行うようにすること。
＊こ要領　第2章・第1・身近な人と気持ちが通じ合う・3(1)、第2・人間関係・3(1)に同じ

key point この項目でいちばん大切にしたいポイントを、写真とともに紹介します。

丁寧な観察とやり取りが、学びにつながる

子どもの「つもり」に応じる

子どもが電話をかける素振りを見せたので、すかさず保育者も反応し、電話ごっこ。
②26-7.2

場にいる子どもへの目配り

1人の子どもとかかわりながら、他児にも視線を向け、やり取りを楽しむ。　②26-7.3

advice

0歳児は「安全」「衛生」だけ？

0歳児であっても、遊びや学びが豊かになるように、個々の子どもの姿に応じて、保育者が意図をもって働きかけることが大切。子どものしぐさや表情などを丁寧に見てとっていく。

新たなアイデアの提案

保育者も一緒に積み木遊びをする中で、子どものアイデアや思いを広げたり深めたりする。
②26-5.4,7.3

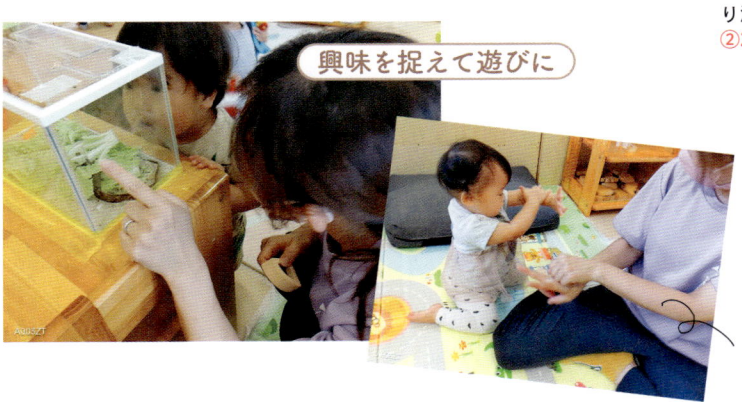

興味を捉えて遊びに

カタツムリを観察した後、子どもとカタツムリの手遊びをする。　②26-5.4

Ⅰ 子どもとのかかわり
個への働きかけ

check the guideline　この項目に関連する指針・要領です。

保指針　第1章 総則　1 保育所保育に関する基本原則

（3）保育の方法
ウ 子どもの発達について理解し、一人一人の発達過程に応じて保育すること。その際、子どもの個人差に十分配慮すること。
オ 子どもが自発的・意欲的に関われるような環境を構成し、子どもの主体的な活動や子ども相互の関わりを大切にすること。特に、乳幼児期にふさわしい体験が得られるように、生活や遊びを通して総合的に保育すること。

幼要領　第1章 総則　第1 幼稚園教育の基本

3 幼児の発達は、心身の諸側面が相互に関連し合い、多様な経過をたどって成し遂げられていくものであること、また、幼児の生活経験がそれぞれ異なることなどを考慮して、幼児一人一人の特性に応じ、発達の課題に即した指導を行うようにすること。

＊こ要領　第1章・第1・1（4）に同じ

\ key point　この項目でいちばん大切にしたいポイントを、写真とともに紹介します。／

子どもとともに遊び、学ぶ

子どもが絵本からヒントを得て、さまざまな色作りをしている。保育者は、その工程や子どもの考えを尋ね、言葉を足したり、子どものアイデアを広げたりする。　①29-5.2

advice
目的は「楽しくなること」

自由遊びの時間でも、保育者が遊びを主導することはある。大切なのは、知識や技術を伝えることにより、遊びが楽しくなること。子ども自身の考えが広がったり、より楽しさを感じたりできるような働きかけをする。

「色作りがしたい！」と子どもが思ったときに、自由に始められる環境がある。いろいろな色を作るのにぴったりな卵パックといった、子どものニーズに応じた道具も用意されている。

積み木でタワーを作った子どもと一緒に高さを測定する。高さを記録しておくと、さらに高くするためにはどうするかという探究につながる。数字に親しんだり、比較したりする経験になる。　①29-5.2

子どもと一緒にカードゲームで遊ぶ。保育者とともに遊ぶことで、子どもはゲームのおもしろさに気づき、意欲的に取り組んでいる。　①29-5.2

子どもとのやり取り
1 身体的なかかわり

子どもは、生まれてから抱っこやおんぶ、少し大きくなるとタッチやハグなどのスキンシップを通して、家族の愛情を感じます。

スキンシップは、保育の場においても、とても大切です。

集団保育の場では、保育者の子どもに対する肯定的で温かな身体的かかわりは、継続的な信頼関係を築く上で重要な要素です。

同じように、子ども同士の身体的なかかわりも、友達関係が生まれ始める時期において大切です。

とはいえ、身体的かかわりは、子どもが望み、心地よく幸せを感じるものでなくてはなりません。

子どもが望まない接触、不快に感じる拘束や痛みを伴うかかわり方は決して行ってはいけません。

review point

「新・保育環境評価スケール②（0・1・2歳）項目29あたたかな身体的関わり」で示されている評価項目から、保育の「なんとなく」を見直すときに使えるポイントをまとめました。

- ☐ 保育者からの否定的な身体接触（たたく、つねる、押さえつける、腕や足を荒々しくつかむ、嫌がるのにくすぐるなど）がないか　②29-3.1

- ☐ あたたかな身体接触（子どもをやさしく抱く、タッチする、ハグをする、さする、手をやさしく握るなど）があるか　②29-.3.2,5.1,7.1

- ☐ 子ども同士の肯定的な身体接触があるか／否定的な身体接触はないか　②29-3.3,5.3

- ☐ 子どもたちの様子は落ち着いていて、室内にはくつろいだ気持ちのよい雰囲気があるか　②29-3.4,5.2

- ☐ 子どもの気分や性格、好みに合わせて身体接触の仕方を変えたり、加減したりしているか　②29-7.2

check the guideline　この項目に関連する指針・要領です。

保指針　第2章　保育の内容　1 乳児保育に関わるねらい及び内容
（2）ねらい及び内容　ア 健やかに伸び伸びと育つ
（ア）ねらい　①身体感覚が育ち、快適な環境に心地よさを感じる。
（イ）内容　①保育士等の愛情豊かな受容の下で、生理的・心理的
　欲求を満たし、心地よく生活をする。

（ウ）内容の取扱い　①心と体の健康は、相互に密接な関連がある
ものであることを踏まえ、温かい触れ合いの中で、心と体の発
達を促すこと。
＊こ要領　第2章・第1・健やかに伸び伸びと育つ・1(1)、2(1)、3
(1)に同じ

key point　この項目でいちばん大切にしたいポイントを、写真とともに紹介します。

どんなときにも、やさしいタッチが基本

ゆったりとした時間に

本棚に登るなどの危ない行動があったときは、大きな
声で止めるのではなく、やさしく声をかけ、そっと抱
き上げて下に降ろすなどする。　②29-3.2

危険な行動に対して

保育者が子どもを抱っこして、子どもと一緒に柔
らかなクッションにもたれる。くつろいだ雰囲気
がある。　②29-3.4,5.2

子ども同士の身体接触にも気を配る

ぎゅっと押されて不快…

遊びのスペースに入ってきた子どもに、同じようなものを用意した。子どもが、他
児からの否定的な身体接触をできるだけ経験しないように工夫する。　②29-3.3

advice
子どもが望まない接触はNG

簡単に移動させるために無言
で抱き上げたり、両肩をつか
んで方向転換させたりするな
ど、無言の命令の身体接触は
不適切である。

保指針　第2章　保育の内容
2　1歳以上3歳未満児の保育に関わるねらい及び内容
(2) ねらい及び内容　イ　人間関係
（ア）ねらい　①保育所での生活を楽しみ、身近な人と関わる心地よさを感じる。

（イ）内容　①保育士等や周囲の子ども等との安定した関係の中で、共に過ごす心地よさを感じる。
＊**こ要領**　第2章・第2・人間関係・1(1), 2(1)に同じ

\key point　この項目でいちばん大切にしたいポイントを、写真とともに紹介します。/

遊びの中で、たっぷりとふれあいを楽しむ！

advice

物理的なふれあいやすさも大事

保育者が床に座るなど低い姿勢になっていると、子どももくっついたり膝にのったりしやすく、保育者も子どもの様子を見ながらふれあいやすい。

保育者とのふれあい遊び。子ども同士も体をくっつけて楽しめるようにする。　②29-3.3,5.3

ゆったりとした雰囲気の中、安心している子どもたちと、笑顔でおしゃべり。抱っこをされたい子どもには抱っこをし、そうでない子どもとは近くでにこやかに接する。　②29-5.2,7.2

advice

一人ひとりに合わせたふれあい方を

自分で動けるようになると、子どもは探索活動を始める。信頼する保育者から離れていったり、戻ってきたり、近くにいたりする。子どもの状況に応じて、抱っこしたり、軽くタッチやハグをしたりなどの身体接触のスタイルを変える。

U　子どもとのかかわり　子どもとのやり取り

117

 # 子どもとのやり取り
2 肯定的なかかわり

子どもが成長する上で、大人との親密で愛情のこもったやり取りが欠かせません。

「やり取り」には、言語的なもの（話すこと）と非言語的なもの（しぐさや態度）があり、やり取りの質は、肯定的、中立的、否定的に分かれます。

肯定的なやり取りは、子どもに「自分には価値があり、有能で、愛されている」という感覚を与え、否定的なやり取りは「価値がなく、無能で、愛されていない」という感覚を与えます。

中立的なやり取りは、そのどちらでもありません。

保育者は、子どもとのやり取りが子どもの成長に与える影響を自覚し、子どもの生活が肯定的なやり取りで満ちたものとなるようにしましょう。

review point

「新・保育環境評価スケール②（0・1・2歳）項目28保育者と子どものやりとり」、
「新・保育環境評価スケール①（3歳以上）項目30 保育者と子どものやりとり」で示されている評価項目から、
保育の「なんとなく」を見直すときに使えるポイントをまとめました。

- ☐ 否定的な身体接触がなく、適切な身体接触を通した温かな雰囲気があるか　①30-3.2,5.3
- ☐ 子どもと肯定的なやり取りがあるか　②28-3.1,5.1,7,1　①30-3.1,5.1,7.1
- ☐ 保育者はくつろいだ気持ちのよい雰囲気を漂わせているか　②28-3.2,5.4　①30-3.3,5.2
- ☐ 保育者は子どもをよく観察し、応答的であるか　②28-5.2,7.2　①30-7.3
- ☐ 保育者は子どもを支えているか　②28-5.3　①30-7.2
  - ☐ 子どもが不安、恐れ、怒りを感じたり、傷ついたときに慰めたり落ち着かせたりしているか

check the guideline　この項目に関連する指針・要領です。

保指針　第2章 保育の内容
1 乳児保育に関わるねらい及び内容
(2) ねらい及び内容　イ 身近な人と気持ちが通じ合う
(ア) ねらい　③身近な人と親しみ、関わりを深め、愛情や信頼感が芽生える。
(イ) 内容　①子どもからの働きかけを踏まえた、応答的な触れ合いや言葉がけによって、欲求が満たされ、安定感をもって過ごす。
⑤温かく、受容的な関わりを通じて、自分を肯定する気持ちが芽生える。

2 1歳以上3歳未満児の保育に関わるねらい及び内容
(2) ねらい及び内容　イ 人間関係
(ア) ねらい　①保育所での生活を楽しみ、身近な人と関わる心地よさを感じる。
(イ) 内容　②保育士等の受容的・応答的な関わりの中で、欲求を適切に満たし、安定感をもって過ごす。

＊こ要領　第2章・第1・身近な人と気持ちが通じ合う・1(3),2(1)(5)、第2・人間関係・1(1),2(2)に同じ

\ key point　この項目でいちばん大切にしたいポイントを、写真とともに紹介します。／

言葉にならない気持ちを敏感にキャッチ！

興味をキャッチ

子どもの指さす先を見て何に興味があるかを察し、興味の対象を共有する。　②28-5.2,7.2

不安な気持ちをキャッチ

不安そうな子どもの気持ちを察し、抱っこして一緒に歌遊びをする。②28-5.3,7.2

子ども同士のかかわりも肯定的になるように

advice

楽しい雰囲気で衝突を回避

子ども同士のぶつかり合いはしばしば発生する。この年齢でじゃんけんを理解することは難しいが、楽しく譲り合う方法として子どもたちも楽しんでいた。このように、楽しい雰囲気で遊びが続くようにかかわるのも、保育者の援助の一つ。

1歳児。砂場の縁を歩いていると、反対方向から来た子と出会った。お互いに道を譲りたくない気持ちを察して、保育者が「じゃんけんという方法があること」を提案してみた。　②28-5.4,7.1

幼要領　第2章 ねらい及び内容　人間関係
1 ねらい　(2)身近な人と親しみ、関わりを深め、工夫したり、協力したりして一緒に活動する楽しさを味わい、愛情や信頼感をもつ。

2 内容　(1)先生や友達と共に過ごすことの喜びを味わう。
＊保指針　第2章・3・(2)・イ人間関係・(ア)②、(イ)①、
こ要領　第2章・第3・人間関係・1(2),2(1)に同じ

\ key point　この項目でいちばん大切にしたいポイントを、写真とともに紹介します。

子どもにとって先生は、心強い味方、仲間、支えてくれる大人

一緒に遊びを盛り上げる

お店屋さんごっこ。保育者はお客さんになりきり、「おいしそう、1パックください」「もう一ついりませんか？」など、肯定的なやり取りが続く。保育者も、子どもとのやり取りを楽しんでいる。
①30-3.3,7.1

気持ちに寄り添い、支える

落ち込んでいる子どもの背中に手を当て、あたたかな雰囲気で保育者の気持ちや提案を伝えている。　①30-5.3,7.2

喜びに共感する

保育者は、男児が運動遊びで「できた」喜びを受け止め、ハイタッチをして共有している。
①30-3.1,5.3

advice

子どもを「尊重する」

どの子どもに対してもありのままを受け入れ、丁寧に接する。子どもがときに誤ったことをしたとしても、その誤りを正せばよく、「○○ちゃん、何度言えばわかるの」など、その子ども自体を否定する言い方をしてはならない。

子ども同士のやり取り

小さな子どもが、ほかの子どもと「うまくやっていく」ようになるには、何年もかかります。

「うまくやっていく」には、共有する、他人の気持ちを理解する、協力するといった社会的スキルが必要です。

そのスキルの根底となる「他者を尊重する気持ち」が育つには、長い時間と大人の辛抱強いかかわりが必要です。

この項目では、子どもが他児と関係を築き、なんとかうまくやっていくことを学ぶプロセスを、保育者がどのように援助しているかを見ます。

そのプロセスには、保育者からの注意深い導きと、他児との肯定的な経験、そして保育者自身の「他者を尊重する」信念が重要な役割を果たします。

review point

「新・保育環境評価スケール② (0・1・2歳) 項目27子どもどうしのやりとり」、
「新・保育環境評価スケール① (3歳以上) 項目31子どもどうしのやりとり」で示されている評価項目から、
保育の「なんとなく」を見直すときに使えるポイントをまとめました。

- [ ] 一人で遊ぶか、ほかの子どもといる(遊ぶ)か、自由に選ぶことができるか　②27-3.1,5.1
- [ ] 自分で遊び仲間を見つける時間はあるか　①31-3.1
- [ ] 子ども同士の否定的なやり取りを止めているか　②27-3.2　①31-3.2
- [ ] 子ども同士の間で生まれた問題が、納得できる解決になるように保育者が助けているか　①31-5.2
- [ ] 保育者は社会的なよい振る舞いのモデルになっているか　②27-5.2　①31-3.3
- [ ] 保育者は子ども同士のやり取りが生まれるように仕掛けているか　②27-3.3,5.3,5.4
- [ ] 子ども同士のやり取りが肯定的であるか　①31-5.1,5.3
- [ ] 子どものとったよい行動、子どもの気持ちを、言葉にして他児に伝えているか　②27-7.1,7.2　①31-7.1
- [ ] 子ども同士の衝突が起こらないような仕組みがあるか　①31-7.2
- [ ] 子ども同士でテーマを共有し、協同して遊ぶ機会があるか　①31-7.3

保指針　第2章 保育の内容
1 乳児保育に関わるねらい及び内容
(2) ねらい及び内容　イ 身近な人と気持ちが通じ合う
（ア）ねらい　③身近な人と親しみ、関わりを深め、愛情や信頼感が芽生える。
（イ）内容　③生活や遊びの中で、自分の身近な人の存在に気付き、親しみの気持ちを表す。
2 1歳以上3歳未満児の保育に関わるねらい及び内容
(2) ねらい及び内容　イ 人間関係

（ア）ねらい　②周囲の子ども等への興味や関心が高まり、関わりをもとうとする。
（イ）内容　③身の回りに様々な人がいることに気付き、徐々に他の子どもと関わりをもって遊ぶ。
④保育士等の仲立ちにより、他の子どもとの関わり方を少しずつ身につける。

＊こ要領　第2章・第1・身近な人と気持ちが通じ合う・1（3），2（3）、第2・人間関係・1（1），2（3）（4）に同じ

key point　この項目でいちばん大切にしたいポイントを、写真とともに紹介します。

「なかよし」を無理強いしない！　一人遊びを満たしてから

ほかの子にじゃまされずに遊ぶ。②27-5.1

0歳児。同じ場や同じもので遊んでいると、緩やかにお互いを意識し、ときには目が合い、見つめ合う姿も。　②27-5.1

advice
他児を感じる0歳児

他児と仲良くする姿までは見られないが、0歳児も他児に興味をもっている。個別性を確保しつつ、他児を感じられる距離で遊びや生活の場を構成する。

絵本や歌の遊びを介して場を共有。他児を感じ、つながりが生まれるきっかけとなる。②27-3.3

自分の遊びに集中しながら

advice
他児への興味が増す1・2歳児

目で追ったり、直接働きかけたりするようになる。保育者には子ども同士を丁寧につなぐ役割が求められる。

1歳児。個々の遊びを大切にしつつ、「AちゃんもBちゃんもタワーを作っているんだね」など、ときにはお互いをつなぐように働きかける。②27-5.3

幼要領　第2章 ねらい及び内容　人間関係

1 ねらい　(2)身近な人と親しみ、関わりを深め、工夫したり、協力したりして一緒に活動する楽しさを味わい、愛情や信頼感をもつ。

2 内容　(5)友達と積極的に関わりながら喜びや悲しみを共感し合う。
　(7)友達のよさに気付き、一緒に活動する楽しさを味わう。
＊保指針　第2章・3・(2)・イ人間関係・(ア)②、(イ)⑤⑦、
こ要領　第2章・第3・人間関係・1(2),2(5)(7)に同じ

\ key point
この項目でいちばん大切にしたいポイントを、写真とともに紹介します。

一人ひとりが大事にされてこそ、良好な友達関係は始まる

5歳児保育室。さまざまな遊びコーナーがあり、自分で遊び仲間を見つけたり、好きな遊びを選んだりして、思い思いに遊んでいる。　①31-3.1

一人ひとりの遊びを尊重

片付けの方法でトラブルになった子どもたちの間に入り、それぞれの思いを受け止めたり、この後どうしたいのか尋ねたり、子どもたちで納得のいく解決ができるように助ける。　①31-5.2

一人ひとりの意見を尊重

advice

尊重し合える関係が基盤

子ども同士の良好な関係が築かれるには、一人ひとりが生かされた集団が形成されていることが基本になる。集団の生活の中で子どもが自己を発揮し、保育者や他児に認められる体験を重ねられるようにする。

保育者同士の関係も大事！

保育者同士の関係は、子ども同士の関係の社会的モデルとなる。保育者同士の良好な関係は欠かせない。　①31-3.3

5歳児。リレーの順番を巡って、子ども同士で真剣な話し合いをしている。　①31-7.3

子どもとのかかわり
子ども同士のやり取り

# 望ましい態度・習慣の育成

子どもが、社会的に望ましい振る舞いや態度、習慣を身に付けるには、大人の適切な「導き」が必要です。

厳しすぎるやり方や、体に痛みを与えるやり方は、短期的には効果があるように見えます。

しかし、一時的なものに過ぎず、恐怖による管理は持続しません。かといって、あいまいで緩すぎるやり方では、子どもが自分の行動に責任があることを学べません。ルールの根拠が明快であり、期待する行動が年齢や発達段階にふさわしく、指導が懲罰的ではなくて教育的である場合に、子どもが自分で自分を適切にコントロール（自己規律）できるように導くことができます。

review point

「新・保育環境評価スケール② （０・１・２歳） 項目30望ましいふるまいの導き」、
「新・保育環境評価スケール① （３歳以上） 項目32望ましい態度・習慣の育成」で示されている評価項目から、
保育の「なんとなく」を見直すときに使えるポイントをまとめました。

- ☐ 望ましくない振る舞いに対し、穏やかに接しているか　②30-3.1,5.1　①32-3.1,5.4
- ☐ 子どもの振る舞いについての導きは、肯定的か　②30-3.2,5.2　①32-1.4,3.4,5.4
- ☐ 過度の問題が起こることを予防しているか　②30-1.3,5.3,7.3　①32-3.2,7.2
- ☐ 子どものよい振る舞いに注目しているか　②30-3.4,5.4
- ☐ 子どもの振る舞いに対する期待は、年齢や発達段階にふさわしいか　②30-5.3,7.3　①32-3.3,5.3
- ☐ してはいけないことについて、理由をわかりやすく説明しているか　②30-5.5　①32-3.3,5.2
- ☐ 子ども同士の関係性に注意を払っているか　②30-7.1　①32-7.1
  - ☐ 遊びの時間、保育者は位置取りを工夫し、子どもの状況をキャッチできるようにしているか
- ☐ 問題が起きたら手を出さずに言葉で伝えるように働きかけているか　②30-7.2
- ☐ 子どもはクラスのルールに従っているか　①32-5.1
- ☐ 子どもが自分（たち）で問題が解決できるように助けているか　①32-7.3
  - ☐ 個別にかかわったり、サークルタイムで問題を共有したり、アプローチを工夫しているか

保指針　第2章 保育の内容

1　乳児保育に関わるねらい及び内容
(2) ねらい及び内容　イ　身近な人と気持ちが通じ合う
(イ) 内容　③生活や遊びの中で、自分の身近な人の存在に気付き、親しみの気持ちを表す。
　⑤温かく、受容的な関わりを通じて、自分を肯定する気持ちが芽生える。
2　1歳以上3歳未満児の保育に関わるねらい及び内容
(2) ねらい及び内容　イ　人間関係

(ア) ねらい　③保育所の生活の仕方に慣れ、きまりの大切さに気付く。
(イ) 内容　④保育士等の仲立ちにより、他の子どもとの関わり方を少しずつ身につける。
　⑤保育所の生活の仕方に慣れ、きまりがあることや、その大切さに気付く。

＊こ要領　第2章・第1・身近な人と気持ちが通じ合う・2(3)(5)、第2・人間関係・1(3),2(4)(5)に同じ

＼key point　この項目でいちばん大切にしたいポイントを、写真とともに紹介します。／

まだわからなくて当然、穏やかに伝え続けよう

物の取り合い（0歳児）

0歳児。1冊の絵本の取り合いになっている2人の子どもに、もう1冊の絵本を渡している。　②30-7.3

advice

発達に見合わないレベルを求めない

まだ言葉が出ず、欲しいものに直接的に手の出る頃の子どもは、まだ一つのものを共有するのは難しく、そのように期待するのはふさわしくない。取り合いが予想されるものは、類似のものを複数用意しておく。

おもちゃを投げる

1歳児。おもちゃを投げた子どもに「びっくりするよ」「どうしたのかな」など、優しく丁寧に働きかける。　②30-5.1

物の取り合い（1歳児）

1歳児。保育者は積木の取り合いに気づき、双方の言い分、気持ちを丁寧に聞いている。言葉が出始めた子どもには口で言うように伝え、うまく言えない子どもには、双方の気持ちを代弁し、解決策を提案する。　②30-7.3

W子どもとのかかわり・望ましい態度・習慣の育成

125

幼要領 第2章 ねらい及び内容 人間関係

1 ねらい （3）社会生活における望ましい習慣や態度を身に付ける。
2 内容 （9）よいことや悪いことがあることに気付き、考えながら行動する。
 （10）友達との関わりを深め、思いやりをもつ。

（11）友達と楽しく生活する中できまりの大切さに気付き、守ろうとする。
（12）共同の遊具や用具を大切にし、皆で使う。
＊**保指針** 第2章・3・(2)・イ 人間関係・(ア)③、(イ)⑨⑩⑪⑫、
こ要領 第2章・第3・人間関係・1(3)、2(9)(10)(11)(12)に同じ

key point この項目でいちばん大切にしたいポイントを、写真とともに紹介します。

子どもに対してリスペクトを！ 大人の意のままにしない

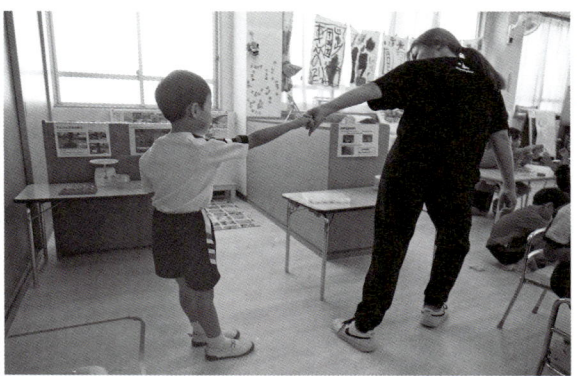

子どもの意に反して腕を引っ張ることは、身体的・心理的にも苦痛を与え、不適切なやり方である。 ①32-1.1,1.4（不適切）

（注）この写真はフィクションです！

advice
子どもと一緒に考える

保育者がルールを押し付けるのではなく、「みんなが気持ちよく生活するためにはどうしたらいいのか」を、子どもと保育者が一緒になって考えることが大切。また、成長に応じて、子どもたちが自ら問題を解決していけるよう、保育者はかかわり方を加減していく。

おもちゃをめぐるトラブル

後からきた子どもがパーツを多くとろうとし、その前から遊んでいた子どもとの間にトラブルが発生。それぞれの子どもが状況や気持ちを言えるようにかかわり、どうしたらいいか、一緒に考える。 ①32-7.1,7.3

絵の具遊びのコーナーは定員2人である。ウェイティングリストに自分の名前を書き込み、順番を待つ子どもたち。クラスのルールに従っている。 ①32-7.2

advice
よい振る舞いに注目する

望ましくない行動にだけ保育者が注目していると、子どもは保育者の注目を得るために問題を起こすことがある。

6章

保育の構造を
ひとつひとつ
見直し！

日課と移行時間　　自由あそびの時間　　集団でのあそびの時間

 保育の構造

「保育の構造」とは、「子どもの園生活がどう組み立てられているか」ということです。

これまでのA〜W項目は、保育室やトイレなどの屋内や戸外の空間、家具などの設備や用品、子どもが使ったり遊んだりする遊具・教材、そして子ども／子ども同士と保育者の相互関係から生じる言語的・非言語的かかわりのそれぞれについて焦点を当てたものでした。

子どもの園生活は、A〜Wで見てきたようなさまざまな物的・人的環境の中に置かれて、時間に沿って推移していきます。

例えば、＜順次登園＞→＜片付け、朝の会＞→＜クラス全体での活動＞→＜室内遊び／外遊び＞→＜片付け、手洗い、食事＞……のように、「決まった生活の活動」と「遊び」が組み合わされて日課が構成されます。

また、それぞれの活動や遊びの間には、次の活動に移るための「移行」の時間があります。

XYZの３項目では、これら３つのタイプの時間に子どもがどのように過ごしているかを見ていきます。

check the guideline　XYZの３項目に関連する指針・要領です。

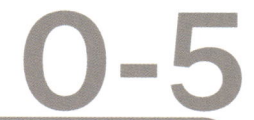

保指針　第1章 総則
1 保育所保育に関する基本原則　(3) 保育の方法
イ 子どもの生活のリズムを大切にし、健康、安全で情緒の安定した生活ができる環境や、自己を十分に発揮できる環境を整えること。

こ要領　第1章 総則
第3 幼保連携型認定こども園として特に配慮すべき事項
2 園児の1日の生活の連続性及びリズムの多様性に配慮するとともに、保護者の生活形態を反映した園児の在園時間の長短、入園時期や登園日数の違いを踏まえ、園児一人一人の状況に応じ、教育及び保育の内容やその展開について工夫をすること。特に入園及び年度当初においては、家庭との連携のもと、園児一人一人の生活の仕方やリズムに十分に配慮して一日の自然な生活の流れを作り出していくようにすること。

幼要領　第1章 総則　第4 指導計画の作成と幼児理解に基づいた評価　3 指導計画の作成上の留意事項
(4) 幼児が次の活動への期待や意欲をもつことができるよう、幼児の実態を踏まえながら、教師や他の幼児と共に遊びや生活の中で見通しをもったり、振り返ったりするよう工夫すること。
＊こ要領　第1章・第2・2・(3)オに同じ

 # 日課と移行時間

園での子どもの生活は、いくつかの遊びの活動（室内と戸外、自由遊びとクラス全体でする遊びなど）と、日常的に決まってする活動（食事、トイレ、午睡など）、そして活動と活動の間の「移行」の３つの種類で構成されています。

移行時間に、ともすれば子どもは待たされてしまいます。

何もせずに「待たされる」のはよい心持ちではありません。

小さな子どもの場合、「自分のもつニーズ（早く遊びたい、温かいものを食べたいなど）は重要ではない」という否定的なメッセージを受け取ってしまいます。

もう少し大きな子どもにとっても、楽しさや学びのない時間を強いられてしまいます。

質の高い保育では、待ち時間が最小限に抑えられます。

review point

「新・保育環境評価スケール②（０・１・２歳）項目31日課と移行時間」、
「新・保育環境評価スケール①（３歳以上）項目33移行時間と待ち時間」で示されている評価項目から、
保育の「なんとなく」を見直すときに使えるポイントをまとめました。

- [ ] 日課が子どものニーズに合っており、スムーズに移行しているか
  ②31-3.1,3.4,5.1,7.1,7.2　①33-5.1,7.1

- [ ] 移行のときに、保育者は十分な見守りをしているか　②31-3.2　①33-3.3

- [ ] 保育者は、次の活動の準備ができているか　②31-3.3,5.2　①33-3.2,5.2

- [ ] 移行時間中、保育者と子どものやり取りは肯定的か　②31-5.3　①33-3.1,5.3

- [ ] 子どもが何もせずに長い間待たされていないか　②31-7.3　①33-5.3,7.2

\ key point / この項目でいちばん大切にしたいポイントを紹介します。

> 待ち時間を減らし、なめらかに進んでゆく楽しい生活を

自由遊びの時間

自分が選んだもので、自分がしたいように遊ぶことは、楽しいものです。

「好きこそものの上手なれ」ということわざがあるように、子どもは自分がしたいと思ったことを繰り返し集中して「遊ぶ」ことで、生きていくために必要なスキルや能力を、最適の時期に最適な方法で身に付けていきます。

自由遊びとは、子どもが遊ぶものや遊ぶ人を選択し、可能な限り自分で遊びを進めることです。

環境にその選択肢が数多くあり、保育者の注意深い見守りと適切な介入がある、組織化された構造が必要です。

review point

「新・保育環境評価スケール②（0・1・2歳）項目32自由遊び」、
「新・保育環境評価スケール①（3歳以上）項目34自由遊び」で示されている評価項目から、
保育の「なんとなく」を見直すときに使えるポイントをまとめました。

- ☐ 自由遊びの時間があるか　②32-3.1,7.1　①34-3.1,5.1
- ☐ 保育者の見守り、かかわりがあるか　②32-3.2,5.3,7.3　①34-3.2,5.2,7.3
- ☐ 子どもが興味をもてる遊具や教材、活動、空間があるか　②32-3.3,5.1,5.2　①34-3.4,5.3
- ☐ 子どもの知識を広げるような、語彙の豊かな語りかけがあるか　②32-7.2　①34-7.2
- ☐ 子どもが楽しくしているか、満足に遊べているか　②32-3.4,5.4　①34-3.3,5.4
- ☐ 遊具・教材・活動は、クラスの現在のテーマに関連しているか　①34-7.1

\key point この項目でいちばん大切にしたいポイントを紹介します。/

自分を生かして遊べる喜びをサポート

 # 集団での遊びの時間

「集団での遊び」とは、保育者が主導し、その集団（グループ）のすべての子どもが参加することを期待するものです。

ここでいう「集団」とは、0・1・2歳児ではクラス全体か、またはいくつかのグループに分かれたそれぞれのグループを指し、3歳以上ではクラス全体を指しています。

保育者が主導する「集団での遊び」の意義は、「みんなでやるから楽しい」ことと、子どもが自由遊びのときに自分で遊ぶだけでは限界のあることについて、幅を広げたり深めたりすることにあります。

どの子どもも置き去りにされることなく、喜んで活動に取り組めることが大切です。

review point

「新・保育環境評価スケール②（0・1・2歳）項目33集団での遊び」、
「新・保育環境評価スケール①（3歳以上）項目35遊びと学びのクラス集団活動」で示されている評価項目から、
保育の「なんとなく」を見直すときに使えるポイントをまとめました。

- ☐ 集団で活動する内容が、子どもにとって適切か　②33-3.1　①35-3.1,3.2,3.3
- ☐ うまく集団に入れない子どもに肯定的にかかわっているか　②33-3.2,7.3　①35-3.4,5.2
- ☐ 集団での活動が強制されていないか　②33-5.1,5.3　①35-7.3
- ☐ 保育者は子どもが喜んで活動に取り組めるように、応答的であり、臨機応変にやり方を変えているか。　②33-5.2　①35-5.1
- ☐ 集団活動の時間に、子どもが興味をもつ有益なアイデアを知らせているか　①35-5.3
- ☐ すべての子どもが喜んで集団での活動に参加しているか　②33-7.1　①35-7.1
- ☐ クラス全体よりも小さなグループで活動しているか　②33-7.2　①35-7.2

\key point この項目でいちばん大切にしたいポイントを紹介します。/

> みんなでする楽しさと喜びを、園で経験できるように

保育場面でどう使うか

本書で紹介した見直しポイントの基である「保育環境評価スケール」を用いて保育の見直しを行った実際の事例を2つ紹介します。

事例1 2歳児のごっこ遊びの見直し

幼保連携型認定こども園 みゆき西こども園

いつも床に転がっている裸の人形を何とかしたい!!

新年度の2歳児クラス。お人形が大好きな子どもたちでしたが、保育者は、床に裸の人形が転がったまま放置されることが気になっていました。その都度、「ベッドに寝かしてあげて」「お洋服を着せてあげて」と声をかけますが、一向に改善しません。片付けや人形が裸であることばかりに気をとられ、再現遊びの意義や取り組み方について話し合っていないことに気づき、評価スケールを手掛かりに、2歳児クラスのごっこ遊びの見直しを行うことにしました。

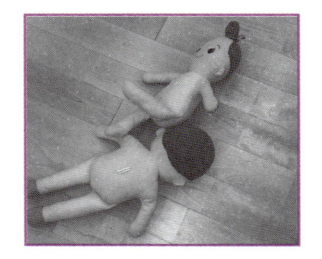

やってみた！

①「ごっこ」項目の読み合わせをし、気づいたことを実践！（5月）

評価スケール②の「項目19ごっこ遊び」を、2歳児担当者全員で集まって読み合わせをし、話し合いました。すると、
「人形を使って遊んではいるが、ごっこ遊びをしていない」
「人形の扱い方のモデルを見せていない」
という気づきがあり、その気づきをみんなで共有し、どうしたらよいかを話し合いました。そして、次の2つを考え、すぐに実行しました。

●お世話遊びがしてみたくなる仕掛けを考える。
●保育者がお世話遊びのモデルを見せる。

> **保育者がひっかかった「項目19ごっこ遊び」の指標**
>
> ② 19-3.1　人形、ぬいぐるみの動物を含め、少なくとも4個の年齢にふさわしいごっこ遊びのおもちゃが使える。
>
> ② 19-5.4
> 保育者は、子どもがごっこ遊びに熱中しているときに、肯定的に関わり、決して否定的に関わらない（例：遊具などをどう使うかやってみせる）

人形を各グループに入れた。給食も一緒！

人形それぞれに名前を付けた。まるまるちゃん、だいちゃん、にこちゃん。

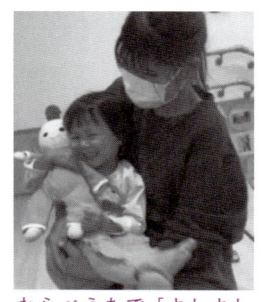
わらべうたで「よしよし抱っこ遊び」をした。

人形と同じお団子ヘアにしてもらい、ご機嫌！

✿ すると、子どもたちにすぐ変化が現れました。人形は子どもたちにとって身近な存在になり、親しみをもったかかわりが見られるようになったのです。裸の人形が放置されることはなくなりました。

やってみた！

②「交流研修（評価スケール研修）で自分たちの保育を振り返る（6月）

姉妹園との交流研修会で、他園の職員に評価スケールを用いて2歳児クラスの保育を観察・評価してもらいました。「ごっこ遊び」の指標に沿って重点的に見てもらいましたが、関連するその他の項目についても、さまざまな指摘を受けました。

午前中にスケールを用いての保育観察、午後に話し合いを行った。

指摘を受けた項目と内容（一部）

② 4-7.1（子どもに関係する展示）
「クラスの子どもの写真や家族、ベッド、その他身近な人の写真が子どもの目の高さに展示してある」という指標に該当するものがなかったので、取り入れてみては？

② 10-7.3（語彙の拡大）
ごっこ遊びの最中に、子どもがもっと新しい言葉を使えるように意識した保育者の声かけが考えられるのではないか？

② 26-5.4（見守り）
保育者が赤ちゃんのお世話をしてみせる以外の、子どもへの提案もあるのでは？

たくさんの指摘の中から、講師の埋橋先生のアドバイスをふまえて、次の2つの実践をしてみることにしました。

＊赤ちゃんのときの写真を掲示する

ぼくのおかあさんや

保護者の方に、子どもが赤ちゃんだった時の写真を持ってきてもらい、子どもの目の高さに展示した。

＊0歳児クラスに社会見学に行く

0歳児クラスの保育者から、赤ちゃんのお世話について話を聞く。抱っこの仕方について、正座で真剣に話を聞く子どもたち。

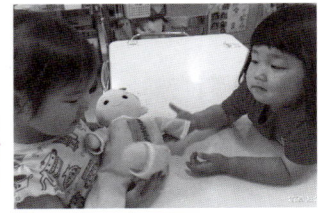

自分たちのクラスに戻り、「抱っこするときは、お尻持って、背中も持つねん」と、学んだことをすぐに練習していた。

✴ 自分が赤ちゃんのときの写真に、子どもたちはとても興味をもちました。自分の家族や友達の家族に興味をもち、保育者や友達との会話が生まれたほか、写真を見ることで自分が大事にされてきたことを感じられたようです。その経験は人形とのかかわりにも反映され、より愛情深く人形のお世話をすることにつながりました。
また、0歳児クラスの先生の鮮やかなお世話ぶりに「自分も同じようにやってみたい」というあこがれをもち、取り組む様子がありました。その際、友達と一緒に「こうじゃない？」などと言いながら離乳食を食べさせたり、「おいしいって」と保育者に伝えたり、子ども同士や保育者とのやり取りがこれまで以上に見られました。

③ 自分たちで課題を見つけて工夫していく（7月〜）

6月の交流研修の経験から、ごっこ遊びの項目だけでなく、そのほかの項目にも沿って保育を見ると、さまざまな課題が見つかることを学びました。この頃になると、「保育者が気づいて何か工夫すると子どもたちの反応がある」という循環に保育者もはまり、楽しみながら実践するようになってきていました。

例えばこんな項目を参考に…

② 19-3.2（ごっこ遊び）子どもはごっこ遊びの教材／遊具を使って、日常生活を再現して遊べる

② 27-5.4（子どもどうしのやりとり）保育者は全体での活動よりも、個人または小グループでの活動を励ます

② 28-5.4（保育者と子どものやりとり）保育者は遊び心があり、適度なユーモアを示す

身体測定

棒積み木を２つ使って、身体測定の経験を再現。「背を測ります」「まっすぐ立ってね！」と大人の口ぶりをまねている。

散髪屋

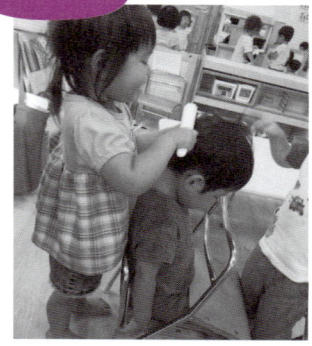
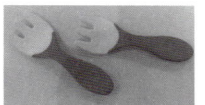

最初、フォークを櫛に見立てていたので櫛を用意した。

「なんの髪型にしますか？」
「アンパンマン」

誕生会

毎月の誕生会を再現。
人形も一緒に
誕生日の歌をうたう。
机にはごちそうがいっぱい！

**お医者さん
ごっこ**

「はいはい見ますよ！」
「おなか真っ黒です」

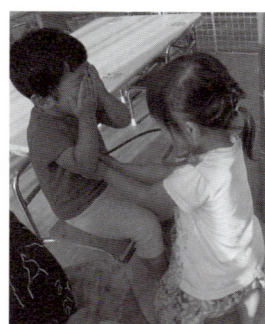
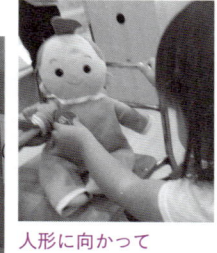

人形に向かって
「どこ痛いですか？」
「食べすぎですね」

**保育者と
一緒に
ピザ屋**

「お客さん何にしますか」
「ピザください」
「お飲み物は？」
「ジュース」

✳ 子どもたちは、体験したこと、印象に残ったこと、あこがれを抱いたことなどを次々に再現して遊びだすようになりました。そして保育者は、子どもの動きや言葉に注目し、子どもの興味あるものを追加したり、子どものつぶやきに耳を傾けて会話を楽しんだり、対応にゆとりがもてるようになってきました。

④ ごっこ遊びの充実とともに、さらに保育者のかかわり方を意識する（10月〜）

この頃になると、ごっこ遊びが盛んになり、子どもたちは「サンドイッチ屋さん」ごっこを楽しんでいました。保育者は、子どもたちとお店の雰囲気や店員さんの服装、サンドイッチのメニューや具材、お客さんとのやり取りなどについて話し、子どもたちのイメージに沿って、小道具を準備していきました。

サンドイッチの具材の個数を明示。作り方も、わかりやすく写真で示し、使用する具材の数も意識できるようにした。

子どもたちのイメージを聞き、リアルな表現を促す小道具を用意。

さらに、保育者のかかわり方に関する別の項目も参考にし、ごっこ遊びに積極的に加わるようにしました。数・量・形や語彙の拡大を意識しながらやり取りを重ねると、子どもたち同士のやり取りも数量に関するものが増え、より具体性をもった見立て遊びが広がっていきました。

例えばこんな項目を参考に…

② 19-7.3 （ごっこ遊び）保育者が頻繁に子どものごっこ遊びに加わり、適切に言葉を加える

② 21-5.3 （数・量・形など）保育者は楽しい雰囲気で数を数える

② 10-7.1 （語彙の拡大）保育者は、全般的に、いろいろな表現を使いわける；ようすを表す言葉を多く使う

何枚ですか？

1枚ください

店員「サンドイッチに何入れますか？」
客「きゅうりください。ハムも」
保育者「（子どもの動作に合わせて）
　　　　きゅうり1枚、ハム1枚ですね」
店員「ちょっと 待ってくださいね」
　　　「ふわふわのサンドイッチですよ」
　　　「は〜い、お待たせしました」
客「ペイペイでもいいですか？」
　　「駐車券もください」
店員「は〜い、どうぞ」
　　　「ありがとうございました」

■この一年を振り返って

この一年、保育環境評価スケールの「ごっこ遊び」の項目を参考にして、子どものごっこ遊びに加わり、保育者自身がいろいろな表現を繰り返したり、数を数えたりすることで、子どもたちのなりきる遊びが目に見えてリアルになることを実感しました。評価スケールには保育者のかかわりかたについての項目も多く、子どもにかける言葉などへも意識が向くようになり、保育者の存在の重要さを感じることができました。

●講師による事例振り返り

2歳児クラスの子どもたちがふさわしい環境に置かれて、生き生きとごっこ遊びに目覚めていく様子がよくわかります。自分たちが家庭で愛されて大事に育てられた経験を「写真」によって認識したり、大人が赤ちゃんのお世話をする姿を園内で「社会見学」してやり方を学んだりして、その経験を「お人形のお世話をする」形で表現しました。「愛された」経験はお人形に対する振る舞いとなり「愛する」経験となったのです。そのほかの日々の楽しい経験が、保育者が頭を使い心を込めて整えた環境のもとで、遊びとして次々と展開されていきました。保育環境評価スケールのひとつひとつの項目や指標を自分の保育室に当てはめて丁寧に読み取り、実践した好事例です。

市全体の教育・保育の質向上をはかる

兵庫県川西市市立園所 副園所長・教頭部会

公立就学前施設間で学び合うために「共通の指標」の必要性を感じて

川西市では、平成30年度より公立の幼稚園と保育所を統合して幼保連携型認定こども園を設立し、幼稚園・保育所と共通の保育理念のもと、教育・保育に努めています。

川西市公立就学前施設の副園所長・教頭会では、子どもが主体的に遊べるように、各施設の特徴や課題などを話し合い、市全体で教育・保育について考える機会をもっています。

その中で、若い世代や他市勤務経験の職員が増えたこと、園所間の異動もあることなどから、園所内外で連携して学び合える研修の方法の一つとして、『新・保育環境評価スケール①』（以下、評価スケール）を取り入れていくことにしました。

副園所長・教頭会の様子。基本的に月1回開催している。

やってみた！

① 副園所長・教頭が研修を受ける

まずは基本を学ぶために、副園所長・教頭会で埋橋玲子先生から研修を受けました。

保育の質という見えないものを数値で見えるものにすること、そのための指標であり、保育者を批評するのではなく、子どもが受けている保育環境の質を評価していくと理解することができました。

その上で、副園所長・教頭会で検討し、下記の活用方法で実践していくことにしました。

【検討した方法】

→モデリング園を募集し、評価スケールを用いた園内研修を進める。

→モデリング園での公開保育を副園所長が観察・スコアリングし、評価スケールについて理解を深める機会をもつ。
　検討会ではほかの園所の保育者も参加し、みんなで保育を学ぶ場とする。

やってみた！

② 2施設のモデリング園で、園内研修・公開保育を実施

日頃の教育・保育実践の中で、自分たちだけでは気づきにくい成果や課題を客観的に振り返り、見直す機会として、2つのこども園がモデリング園となり、園内研修を進めることにしました。

しかし、評価スケールに初めてふれる職員が多く、「保育環境はいつも悩むから、園内で一緒に考えるのはいいかも」という期待以外にも、「評価スケールって項目が多いけど、できるかな？ 難しそう」「点数を付けられることに抵抗がある」という不安の声も聞かれました。

そこで、まずは、みんなが取り組みやすい研修をどのように進めていくかを検討していきました。

園内研修① 「評価スケール」を知る

職員それぞれが、埋橋先生の配信動画「はじめての保育環境評価スケール〈入門編①それって何？〉」「同〈入門編②とりあえずスコアリング〉」を視聴。その上で、1つの項目について、実際にスコアリングをしてみました。

実際に使用した動画。
（左）入門編①
（右）入門編②

項目1 室内空間 について、実際の保育場面をみながらスコアリングし、子どもの午睡時間の間に評価について話し合った。

園内研修② 保育環境の課題について、ECERS に基づき意見を出し合う

保育環境の課題や保育者の願いを記した保育室の図面に、評価スケールの項目を参考にした意見やアドバイスを付せんに書き込んで、交流しました。

保育者の願い：ごっこ②
19-7.3 あそびの見立てからやり取りへと発展してほしい

役になり切るアイテムを用意してもいいかも（衣装・看板・メニューなど）
ごっこ遊び① 21-5.1

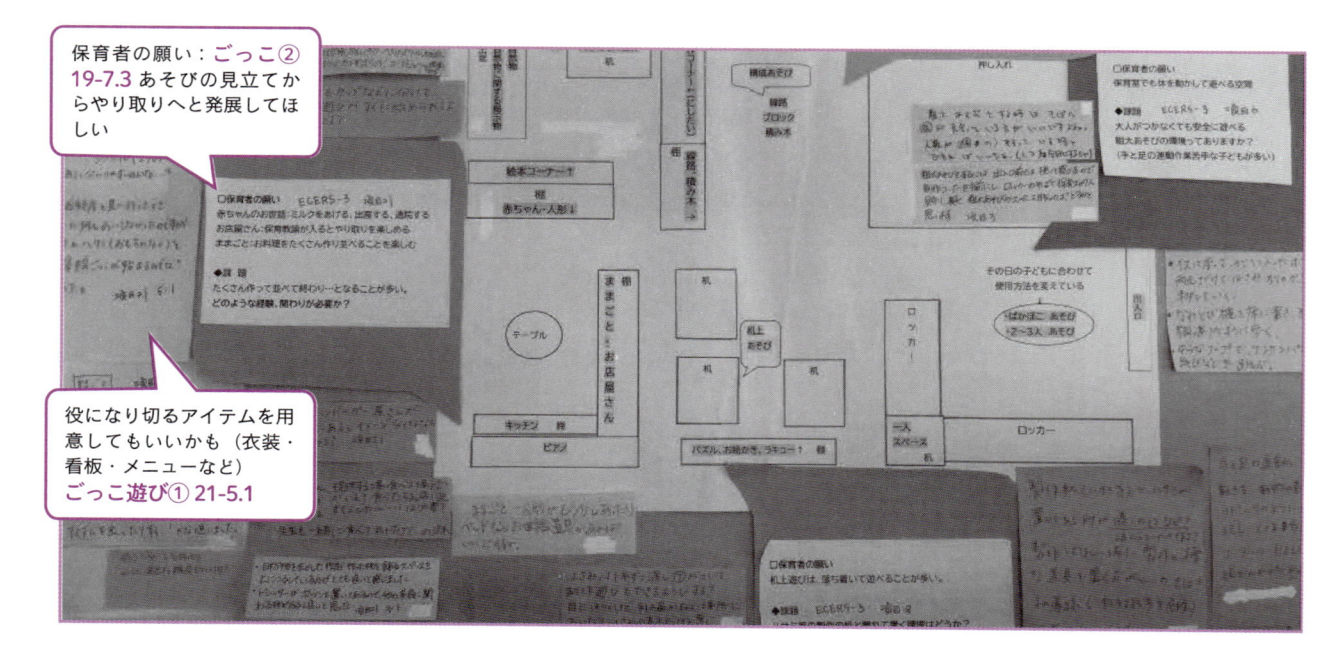

公開保育・検討会の実施

モデリング園の川西北こども園の4歳児クラス、牧の台みどりこども園の3歳児クラスで公開保育を行い、参加者は評価スケールを用いてスコアを付けるということをしました。参加者にとっては、他園所の保育を見るよい機会となり、公開園の担当保育者からは、「いろいろなアドバイスがもらえて課題が見えやすくなった」という感想が聞かれました。

園内研修③「評価スケール」を参考にした保育環境の見直し事例の共有

これまでの園内研修や公開保育を経て、園内職員の「評価スケール」への理解がだいぶ進んできたことから、評価スケールの項目を参考に取り組んだ事例を共有するという研修を行いました。

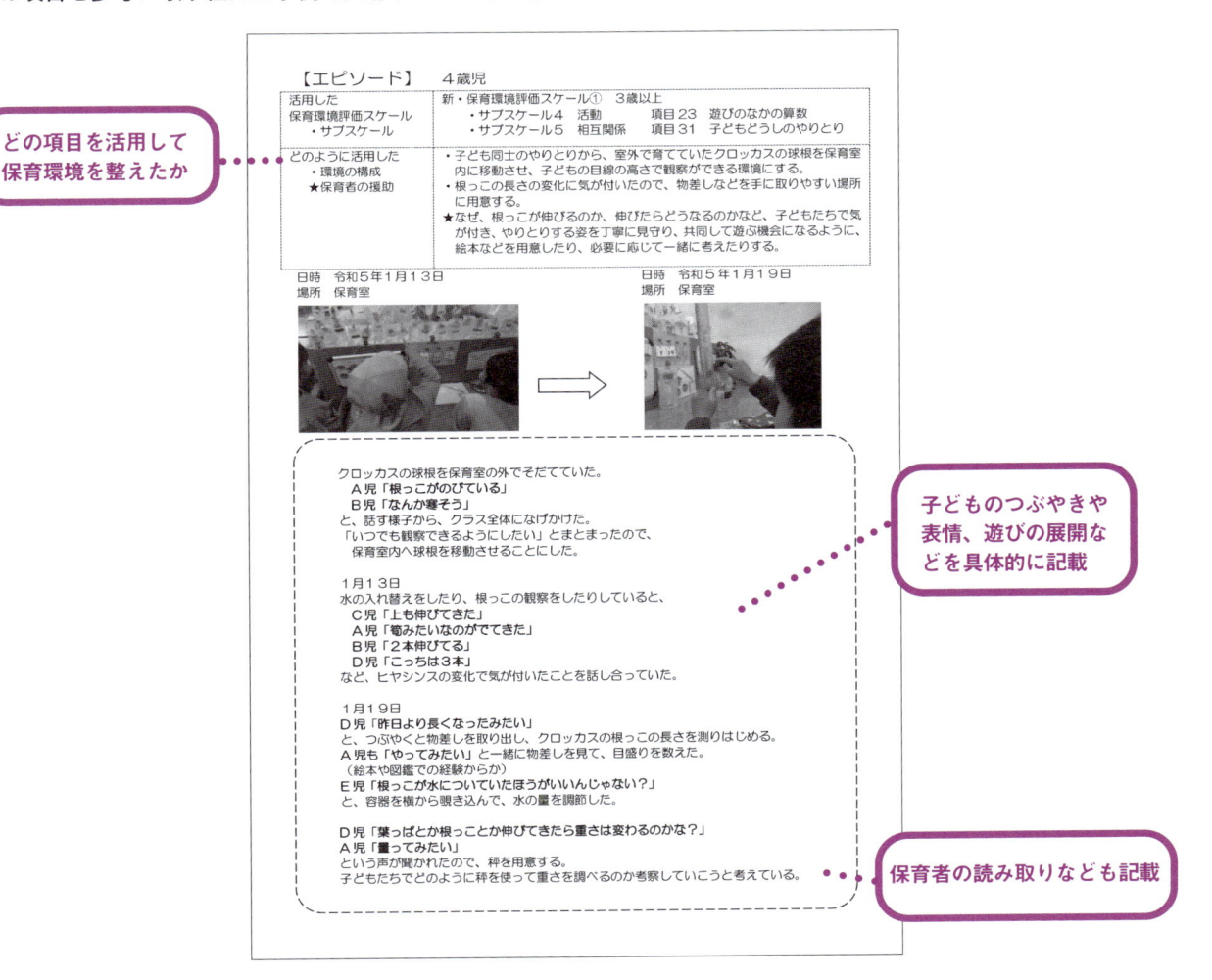

どの項目を活用して保育環境を整えたか

子どものつぶやきや表情、遊びの展開などを具体的に記載

保育者の読み取りなども記載

139

やってみた！

③ 取り組みを振り返り、今後の展開を考える

副園所長・教頭会で、モデリング園の実践や公開保育・検討会を振り返り、「保育環境評価スケール」を用いることで、教育・保育の質向上につながったという認識を共有しました。そこで、さらに市内公立施設全体で効果を上げていくための課題を洗い出して、今後の方針を考えました。

【モデリング園で職員の感想】

●物的環境だけではなく、人的環境を深めるためにも活用できることがわかった

●項目を共通の視点にして保育を振り返ることで 職員間の意見交流がしやすかった

●月案を考えるときや、保育環境の見直しの際に活用している

●項目と時間を決めることで短時間での研修にも活用できた

【保育観察やスコアリングを体験した参加者の感想】

●同じ場面でも、観察者によって多様な意見が出され、気づきや考えの幅が広がった

●共通指標に基づきスコアを付けることで 評価の視点を共通理解できた

●トイレに行くという日常の何気ない場面についても、『新・保育環境評価スケール①』の項目9排泄、項目12語彙の拡大、項目31子どもどうしのやりとりなど、さまざまな項目を通して、あらためて保育を見直すことができた

■今後の課題と展望

公開保育を行っていない園所では研修が進みにくい現状があること、評定（スコアリングのまとめ）を行う際、観察者の意見をまとめ、合意点を判断する難しさがあることが課題であるとして、以下のことを次年度の目標に掲げました。

●市内全体で研修を重ねて評価スケールの活用方法を知り、各自の保育に生かしたり、一緒に学んだりする機会を大切にする

●各施設で無理なく取り組めるように、園（所）内研修の仕方を考えていく（前日：環境観察、当日：保育観察 など）

●日頃から、評価スケールを用いて保育を見ていく機会や職員間で保育環境を見直す場面を増やし、副園所長・教頭自身も「保育をみる眼」を養う

●講師による事例振り返り

保育を一度に変えるのは難しいですが、評価スケールを手がかりに「ひとつずつ」実行していくことができるとわかる事例です。市内とか、法人内という同じ立場で複数の園で取り組むことが効果的です。評定は難しいかもしれませんが、合議を踏まえての小さな決断が、前に進む第一歩となります。

あとがき　未来を議論するために

本書の執筆にあたり、まずはひとつひとつの環境についての基本的な観点と考え方を押さえる構成にしました。『保育環境評価スケール』（以下スケール）の項目の各項目が示す環境は「子どもにとってどのような意味があるのか」、「『幼稚園教育要領』・『保育所保育指針』・『幼保連携型認定こども園教育・保育要領』とどのようにつながりがあるのか」ということを考えました。次に、その記述に沿って、年齢ごとの子どもの姿、望ましい環境構成、子どもと保育者のかかわりの場面の写真を使用しました。

本書の執筆者は、現場の保育者、管理職及び管理職経験者、研究者などさまざまです。写真は執筆者自身が実際の保育場面を撮影・または撮影依頼したものであり、保育の「物的環境」・「人的環境」がリアルに捉えられています。

各項目の観点で保育を見直してみて、実際の写真をもとに「まずはまねてみる」、解説をもとに「とりあえずやってみる」ことで、保育室が変わり子どもが変わり、保育者の気づきが生まれることでしょう。各園・各クラスの子どもの姿に合わせ、同僚間で協議し、「次の手立て」を重ねていくことで「オリジナル」「工夫」が生まれ、徐々に各園・各クラスの文化、子どもの興味関心に応じた保育実践が蓄積されていきます。

私自身も自園で上記のプロセスを目の当たりにし、園の変容を感じてきました。
スケールは、現状の単なる評価、点数化のためのツールではありません。保育を見合い、指標をもとに互いに保育実践の現在位置を確認し、よりよくするには次にどうすればよいか、つまり未来を議論するためのものです。
『新・保育環境評価スケール①3歳以上／②0・1・2歳』（法律文化社）と併用して本書を活用いただく中でより具体的なイメージが想起され、議論が活性化することを願います。

末筆となりますが、本著の出版にあたり、版元の垣根を越えてご協力くださいました法律文化社・畑光様、編集を手掛けてくださいました Gakken の三谷加奈子様に心より御礼申し上げます。

そして埋橋玲子先生をはじめ、プロジェクトチームの皆さまとのご縁やともに議論できた日々に感謝を申しあげます。

幼稚園型認定こども園 高槻双葉幼稚園　園長　岡部祐輝

執筆者及び担当項目一覧

埋橋玲子 (Uzuhashi Reiko)
● A1,A2,A3,B,C,K,R,X,Y,Z 項 及び 編集・監修
大阪総合保育大学大学院 特任教授。博士（学術）。ECERS-J 主宰。訳書に『保育リーダーシップ評価スケール PAS; よりよい園運営のために』（監訳,2024）、『保育コーチング;ECERS を使って』（監訳,2020）、『新・保育環境評価スケール① 3 歳以上』(2016)、『新・保育環境評価スケール② 0・1・2 歳』(2017) ほか。主な著書『チャイルドケア・チャレンジ − イギリスからの教訓』(2007)。いずれも法律文化社より出版。公開保育によるスケール評価実習の講師、調査のための評価スケールアセッサー養成トレーナーとして長年の経験がある。

岡部祐輝 (Okabe Yuki)
● D1,D2,D3,N,Q1,Q2,Q3 項 及び 編集
幼稚園型認定こども園 高槻双葉幼稚園園長。京都府公立小学校勤務後、高槻双葉幼稚園主事、教頭を経て現職。一般社団法人大阪府私立幼稚園連盟教育研究所所長。保育者養成校で「教職論」、「保幼小接続論」などの授業を担当。著書に『子どもと保育者でつくる育ちの記録 - あそびの中の育ちを可視化する -』（分担執筆,日本標準,2020）、『保育リーダーシップ評価スケール PAS; よりよい園運営のために』（共訳,法律文化社,2024) など。

(以下、ABC 順)
安家尚子 (Ake Hisako)
● E1,E2 項 * 全項目にわたり写真提供
前・豊中あけぼのこども園園長。大阪総合保育大学非常勤講師「日本の乳児保育」担当。学校法人あけぼの幼稚園、社会福祉法人あけぼのドロップス、あけぼのベビーセンター（現あけぼの風の森保育園）、豊中あけぼのこども園など約 45 年間の現場経験を活かし、現在は上記法人園及び他施設にて保育アドバイザーとして現場研修にかかわっている。

福原由梨 (Fukuhara Yuri)
● F,G,J,M,Q1,Q2,Q3 項
豊中幼稚園主任教諭。大阪府内私立認定こども園にて 12 年間の勤務を経て 2022 年度より現職。大阪総合保育大学大学院児童保育研究科博士前期課程修了。修士論文のタイトルは「5 歳児の『はいく』作りの展開に関する一考察〜幼稚園教育要領・ECERS の視点を活用して〜」。子ども同士のかかわり、そして子どもと保育者のかかわりの質の向上を目指し日々実践に取り組んでいる。

郷原利加子 (Gouhara Rikako)
● D1,D2,D3 項 * 全項目にわたり写真提供
大阪府豊中市私立幼稚園にて 2 年間、豊中市私立保育園にて 10 年間勤務。現在、兵庫県川西市 認定こども園かわにしひよしにて 4 年目。6 年ほど前に保育環境評価スケールに出会い、子どもと共につくる保育を学びながら日々実践に取り組んでいる。

岩渕善美 (Iwabuchi Yoshimi)
● P,Q1,Q2,Q3 項
平安女学院大学子ども教育学部教授、博士（エネルギー科学）、専門は科学教育、環境教育。保育内容「環境」、「生活科教育法」などの授業を担当。著書に『保育リーダーシップ評価スケール PAS』（共訳,法律文化社,2024）、『環境（実践 保育内容シリーズ 3)』（共著,一藝社,2015) など。科学遊び、理科実験教室などに携わる。

亀山秀郎 (Kameyama Hideo) ● S 項
学校法人七松学園 認定こども園七松幼稚園理事長・園長。日本幼少児健康教育学会監事、日本保育学会広報委員会委員。著書に『保育所・幼稚園・幼保連携型認定こども園実習』（編著,ミネルヴァ書房,2018)、『保育に活かす SDGs/ESD』（共著,かもがわ出版,2023）、『保育リーダーシップ評価スケール PAS』（共訳,法律文化社,2024)。OECD の Starting Strong Ⅶ：Empowering Young Children in the Digital Age において OECD 幼児教育・保育ネットワークとして協力。

金子眞理 (Kaneko Mari) ● I1,I2 項
元・平安女学院大学短期大学部保育科教授。同大学附属幼稚園園長として 2 年間兼務。現在は池坊短期大学幼児保育学科教授（幼稚園教育実習・保育教職論・教職実践演習・児童文化・身体表現担当）。

川西市市立園所 副園所長・教頭部会
(Kawanishi City)
●保育場面でどう使うか・事例 2

川西市立の幼稚園教頭、保育所副所長、認定こども園副園長が所属する研修部会。各園所の取組交流や市内研修の検討、実践を通じて、自ら考えて試したり、協力したりできるような、子どもも職員も一緒に楽しむ施設運営に取り組んでいます。令和 4・5 年度部員 (順不同); 西澤みどり・岩谷惠子・濱村晶子・山本加苗・森下久美子・田中有紀子・阪本明子・芝由巳子・藤岡三恵・清家淳子・京家良枝

小井手瑞代 (Koide Mizuyo)
●H1,H2,P,U1,U2 項＊全項目にわたり写真提供

学校法人山添学園幼保連携型認定こども園 御幸幼稚園・さくらんぼ保育園 副園長。大阪国際大学短期大学部 非常勤講師「乳児保育 II」担当。0 歳からの「かがく遊び」(思考の芽生え) について大学教授 (物理教育学・教育心理学) と共同実践研究を行っている。

三石深雪 (Mitsuishi Miyuki) ●E3, E4 項

学校法人基督心宗学園 幼稚園型認定こども園 服部みどり幼稚園 理事長・園長。 2024 年度より豊中市私立幼稚園連合会会長、大阪府私立幼稚園連盟豊中支部長。

森田真理子 (Morita Mariko) ●L 項

学校法人今川学園木の実幼稚園にて 15 年間の勤務、担任、教頭を経て、現在はアトリエリスタとして上記園内にて子どもにとっての「アート」「遊び」「表現」を探究し、園内アトリエにて保育を実践している。また、子育て支援の場として、地域の子どもたちの遊び、学びの場をつくることに携わる。

小田真弓 (Oda Mayumi) ●K 項

和歌山信愛大学教育学部 専任講師。和歌山大学大学院教育学研究科発達支援専修 (修士課程) 修了 教育学修士。大阪府内私立幼稚園にて 6 年間、泉南市立幼稚園にて 26 年間勤務。専門は「幼児教育学」。桃山学院教育大学 非常勤講師、泉佐野市 発達相談員。特別支援教育士、臨床発達心理士、学校心理士、ガイダンスカウンセラー SV。『新・保育と言葉―発達・子育て支援と実践をつなぐために』(共著 , 嵯峨野書院 ,2022 年) など。

田辺昌吾 (Tanabe Shogo) ● T,U,V,W 項

四天王寺大学教育学部 准教授。大阪市立大学大学院生活科学研究科後期博士課程単位取得後退学、西日本短期大学保育学科 助教を経て現職。専門は「幼児教育学」「家族関係学」。大阪府堺市、羽曳野市子ども子育て会議会長。著書に『保育内容総論』(共著 , みらい ,2021 年)、『家族・働き方・社会を変える父親への子育て支援』(共編著 , ミネルヴァ書房 ,2017 年) など。

寺田加代子 (Terada Kayoko)
●O 項 , 保育場面でどう使うか・事例 1

摂津市立子育て総合支援センター (所長) を退職後、大阪国際大学短期大学部非常勤講師「保育指導 II」・「乳児保育 I・II」、同志社女子大学非常勤講師「環境」担当。現在は、子育て支援「Pamoja」に属し、摂津市・吹田市等主催の「前向き子育て講座」の講師をはじめ、幼保連携型認定こども園みゆき西こども園の乳児保育アドバイザーとして現場研修に携わっている。

山田千枝子 (Yamada Chieko) ● P 項

学校法人山添学園 理事。幼保連携型認定こども園 御幸幼稚園・さくらんぼ保育園 統括園長。四條畷学園短期大学 非常勤講師「教育方法・技術論」担当。園で行っている「かがく遊び」の取り組みが保育雑誌に連載され、2023 年 8 月に著書として刊行された ;『0 歳からのかがく遊び』(共著 , 株式会社メイト ,2023)。

写真提供園（ABC順）

- あけぼの幼稚園・あけぼの保育園・豊中あけぼのこども園・あけぼの風の森保育園・
  あけぼのぶんぶん（大阪府豊中市）、あけぼのほりえこども園（大阪府大阪市）
- 服部みどり幼稚園（大阪府豊中市）
- 木の実幼稚園（大阪府松原市）
- 御幸幼稚園・さくらんぼ保育園・みゆき西こども園・おひさま保育園（大阪府守口市）
- 七松幼稚園（大阪府尼崎市）
- 認定こども園かわにしひよし（兵庫県川西市）
- 高槻双葉幼稚園・キッズルームふたば（大阪府高槻市）
- 豊中幼稚園（大阪府豊中市）
- やまぼうし保育園・やまぼうし保育園分園・月と星（兵庫県宝塚市）

Special Thanks to （ABC順）

尼崎プロジェクトチーム（尼P）の皆様　フリーダム（金沢市保育研究グループ）の皆様　今川公平園長（木の実幼稚園）　片山喜章氏（社会福祉法人種の会会長）　小谷卓也教授（大阪大谷大学）　社会福祉法人 京都市社会福祉協会　水谷豊三園長（日吉幼稚園）　中橋葵氏（元京都文教大学こども教育学部）　岡部恭幸教授（神戸大学）　大方美香学長（大阪総合保育大学）　辻弘美教授（大阪樟蔭女子大学）

STAFF

カバー・本文デザイン　阪戸みほ
イラスト　しおたまこ
編集協力　小林留美
本文 DTP　株式会社 明昌堂
校閲　鷗来堂